古典文獻研究輯刊

十八編

潘美月・杜潔祥 主編

第 19 冊

小說林社研究（下）

欒偉平 著

國家圖書館出版品預行編目資料

小說林社研究（下）／欒偉平　著 — 初版 — 新北市：花木蘭
文化出版社，2014〔民 103〕
目 4+188 面；19×26 公分
（古典文獻研究輯刊 十八編；第 19 冊）
ISBN：978-986-322-627-7（精裝）
1. 小說　2. 文學評論
011.08　　　　　　　　　　　　　　　　　　　103001311

ISBN-978-986-322-627-7

9 789863 226277

古典文獻研究輯刊
十八編　第十九冊　　　　　　ISBN：978-986-322-627-7

小說林社研究（下）

作　　者　欒偉平
主　　編　潘美月　杜潔祥
總 編 輯　杜潔祥
副總編輯　楊嘉樂
編　　輯　許郁翎
企劃出版　北京大學文化資源研究中心
出　　版　花木蘭文化出版社
社　　長　高小娟
聯絡地址　235 新北市中和區中安街七二號十三樓
　　　　　電話：02-2923-1455／傳真：02-2923-1452
網　　址　http://www.huamulan.tw 信箱 hml 810518@gmail.com
印　　刷　普羅文化出版廣告事業
初　　版　2014 年 3 月
定　　價　十八編 22 冊（精裝）新台幣 40,000 元　　版權所有・請勿翻印

小說林社研究（下）

欒偉平　著

目次

第六章　小說林社科學小說研究

第一節　小說林社對科學小說的定義及範圍

　　科學小說是在晚清「小說界革命」中，傳入中國的新小說類型之一。「科學小說」這一名目的最早由來，很可能是《新小說》雜誌的「哲理科學小說」。1902 年 8 月，梁啓超籌辦《新小說》雜誌時，引入日本的小說類型觀，指出該雜誌計劃刊載下列幾種小說類型：「歷史小說」、「政治小說」、「哲理科學小說」、「軍事小說」、「冒險小說」、「偵探小說」、「寫情小說」、「語怪小說」、「劄記體小說」、「傳奇體小說」等。關於「哲理科學小說」，梁啓超是這麼規定的：

　　專借小說以發明哲學及格致學〔註1〕，其取材皆出於譯本：
　　　一、《共和國》希臘大哲柏拉圖著
　　　一、《革嚴界》英國德麻摩里著〔註2〕

〔註1〕　「格致」一詞的近代用法包括廣狹二義，狹義指各類自然科學，廣義指自然科學、社會科學和人文科學的整體。那麼，用在此處的格致當是狹義。在《新小說》雜誌創辦的同一年，即 1902 年，梁啓超發表《格致學沿革考略》，從學科範圍上把政治學、生計學、群學等稱爲「形而上學」，把質學、化學、天文學、地質學等自然科學稱爲「形而下學」，「舉凡屬於形而下學者皆謂格致」。所以，「專借小說發明哲學和格致學」中的「格致學」，應該指的是自然科學。既然「哲理科學小說」的涵義是「專藉以小說發明哲學及格致學」，根據一一對應的關係，「哲理科學小說」中的「科學」主要指的是自然科學。
〔註2〕　即托馬斯．莫爾（Sir Thomas More）的《烏托邦》（*Utopia*）一書。

一、《新社會》日本矢野文雄著

一、《世界未來記》法國埃留著

一、《月世界一周》

一、《空中旅行》

一、《海底旅行》〔註3〕

仔細分析，所謂的「哲理科學小說」包括兩層意思，一是借小說發明哲學，一是借小說發明格致學。這個定義其實是有些含混的：格致學和哲學也許有一定的重疊之處，但大體上還屬於兩個不同的學科（格致學屬於自然科學，哲學屬於社會科學），放在一起，作為一種小說類型，實在有些牽強。梁啓超等人可能也注意到了以上缺憾，在《新小說》雜誌正式刊行的時候，「哲理科學小說」一分為二，變成了「哲理小說」和「科學小說」兩種類型：在《新小說》雜誌上，各登載了一種「哲理小說」《世界末日記》（法國佛林瑪利安著〔註4〕，飲冰譯）和一種「科學小說」《海底旅行》（英國肖魯士原著〔註5〕，南海盧藉東譯意，東越紅溪生潤文）。其實這兩種都是科學小說。我們不禁產生疑問：「哲理小說」和「科學小說」的分與合背後，是否代表了以梁啓超為代表的《新小說》編輯們對於科學小說的某種看法？「借小說發明哲學」和「借小說發明格致學」這兩種大有區別的功能當初為什麼要讓一種小說類型來承擔？「哲理小說」和「科學小說」後來雖然在表面上分開了，在實際上也分開了嗎？要解決上述問題，我們要先考察一下晚清學術界對於哲學和科學關係的普遍看法。最早把 science 翻譯成「科學」的日本學者和思想家西周，也是最早把 philosophy 翻譯成「哲學」的人，他認為哲學是「科學的科學」，是「諸學之上學」，是「諸學的統轄」。西周的觀點並非獨見。其實，在當時的西方和日本，認為哲學是諸學的統一，是科學的原理的觀點非常流行。蔡元培在 1903 年翻譯的《哲學要領》中說，哲學是「科學之科學」，「自科學觀之，則哲學者，科學原理之原理也」〔註6〕。既然哲學是科學的科學，那麼，

〔註3〕 《中國唯一之文學報〈新小說〉》，《新民叢報》十四號，1902 年。

〔註4〕 據樽本照雄《清末民初小說目錄》（第 5 版）S1542 條，這位法國作家為 Camile Flammarion，原作的英譯名為「The last days of the earth」。樽本照雄《清末民初小說目錄》（第 5 版），日本：清末小說研究會，2013 年版。

〔註5〕 作者其實是法國的凡爾納。

〔註6〕 出自《哲學要領・哲學之總念第一》。《哲學要領》，德國科培爾在日本書科大學講授，日本下田次郎筆述，蔡元培翻譯，商務印書館，1903 年版，轉引自

科學小說中自然也要有哲學的成分。而且，梁啓超也認爲好的科學小說必須是哲理和科學的結合體。飮冰（梁啓超）的《〈世界末日記〉譯後語》稱：《世界末日記》這部小說，「以科學上最精確之學理，與哲學上最高尙之思想，組織以成此文」〔註7〕。可見，《新小說》雜誌的「哲理科學小說」雖然在名義上一分爲二，成爲「哲理小說」和「科學小說」，但在實際上，哲理與科學還是有著緊密的聯繫。小說林社的科學小說定義深受其影響。

小說林社於 1905 年年底，發表了《謹告小說林社最近之趣意》〔註8〕，將已印、未印各書，釐定爲十二類，即：歷史小說、地理小說、科學小說、軍事小說、偵探小說、言情小說、國民小說、家庭小說、社會小說、冒險小說、神怪小說、滑稽小說。文中對各種小說類型的內涵各有一個簡單的解釋，接著列有書目。這種廣告形式及這十二種小說類型的名目和先後順序，都能明顯看出《中國唯一之文學報〈新小說〉》的影響。對於科學小說，小說林社的定義「啓智秘鑰，闡理玄燈」，更是與《新小說》雜誌一脈相承：「啓智密鑰」，對應的是科學知識層次；而「闡理玄燈」對應的是哲理層次。在《謹告小說林社最近之趣意》中，「科學小說」類目下，共列有兩種書：一種是《黑行星》（美國西蒙紐加武著，東海覺我譯），此書與《世界末日記》一樣，都是帶有哲理味道的科學小說；另一種是《秘密海島》（法國焦士威奴著，元和奚若譯述，武進蔣維喬潤詞），此書正是《新小說》雜誌刊登的《海底旅行》一書的續篇。〔註9〕看來，不管是在科學小說的定義上，還是在科學小說的書目選擇上，小說林社都在追隨《新小說》雜誌的腳步。

雖然在《謹告小說林社最近之趣意》這一廣告中，「科學小說」類目下只列出了《黑行星》和《秘密海島》二書，但該社所出的科學小說並不止這兩種。晚清小說類型的劃分是比較隨意和混亂的：同一種小說，經常被不同的出版社劃分爲不同的小說類型；甚至同一種小說，在同一家出版社的不同時

　　　　《蔡元培全集》第九冊，杭州：浙江教育出版社，1997 年版，第 5 頁。
〔註7〕　飮冰《〈世界末日記〉譯後語》，《新小說》第一號，1902 年。
〔註8〕　據筆者查閱所及，該廣告最早見於《車中美人》書後。《車中美人》，社員譯述，小說林社，乙巳十一月（1905 年 11～12 月）版。
〔註9〕　見 1905 年 6 月 17 日《時報》，小說林社爲《秘密海島》所做的廣告：「秘密！秘密！是果有何種之秘密乎！讀者只見科學精理絡繹奔赴，更不知秘密之何在。請爲最後之宣告曰：《秘密海島》者，《海底旅行》之結穴，而爲前編之續作也。」

期，都會被歸入不同類型。科學小說的劃分更是混亂，曾被歸入理想小說、冒險小說、工藝實業小說、滑稽小說等多種類型中。在本章中，筆者所說的科學小說包括兩個必不可少的方面：一方面有科學因素，另一方面有一定的幻想成分。這兩方面必須緊密結合。單純宣傳科學原理或者只配有簡單對話的科普文章不是科學小說；純粹的幻想故事，而無絲毫科學成分的，也不算科學小說。因此，筆者認為，小說林社的科學小說，除了《黑行星》和《秘密海島》外，還包括以下幾種：

《新法螺先生譚》，東海覺我（徐念慈）著，乙巳六月初版。該小說與包天笑的譯作《法螺先生譚》、《法螺先生續譚》合刊，出版時標明「科學小說」，而在《車中美人》書後的廣告中，開始被歸入「滑稽小說」。而在此後所有的廣告中，都被列入「滑稽小說」。

《新紀元》，碧荷館主人著，戊申二月初版，出版時未標注類型，但在後來的廣告中被歸入「理想小說」。

《鳳厄春》，蔣景緘著，為小說林社「小本小說」叢書的第二集第四種，未標注類型，但在廣告中被稱為「理想小說」。〔註10〕

《非洲內地飛行記》，又名《飛行記》，英國蕭爾斯勃內（實際上是法國作家凡爾納）著，常州謝炘譯，標注為「冒險小說」。原本即凡爾納的成名作《氣球上的五星期》(CINQ SEMAINES EN BALLON)。據筆者考證，謝炘譯本是從日本人井上勤所譯的《亞非利加內地三十五日間空中旅行》轉譯而來。

《電冠》，刊登於《小說林》雜誌 1～8 期，英國佳漢著，陳鴻璧譯。標為「科學小說」。

《新舞臺》，日本押川春浪原著，東海覺我（徐念慈）譯。一編出版於 1904年，底本是《武俠之日本》；二編出版於 1905 年，底本為《新造軍艦》；三編連載於《小說林》雜誌，底本係《武俠艦隊》。標注為「軍事小說」。

《造人術》，美國路易斯托侖著，索子（魯迅）譯，刊載於《女子世界》雜誌第 2 年第 4、5 期合刊（總第 16、17 期），文末附有萍雲（周作人）和初我（丁祖蔭）的評語。主要講的是科學家創造出人工生命的欣喜，未標注類型。據日本學者神田一三考證，此文的英文原作是 Louise J. Strong 著的 *An Unscientific Story*，魯迅是根據原抱一庵主人所譯的《（小說）泰西奇聞》轉譯

〔註10〕見《小說林》雜誌第 7 期《新書紹介》，1907 年。

而來。〔註11〕

　　《星期六》，覺我（徐念慈）著，連載於《理學雜誌》1～6期，未標注類型。

　　在上述諸書中，凡爾納的作品共有兩部，即《秘密海島》（今譯《神秘島》）和《非洲內地飛行記》（今譯《氣球上的五星期》）。但實際上，小說林社所譯凡爾納的作品共四部，還有兩部是《秘密使者》和《無名之英雄》。提起凡爾納，大家都知道是法國著名科學小說家，因此，很多人誤認爲，凡是凡爾納的作品，都是科學小說。實際上，凡爾納寫過多種體裁的作品，並不限於科學小說。由於《秘密使者》和《無名之英雄》存世稀少，有些研究者沒有看到原書，就想當然地將它們歸入科學小說。所以，筆者在下面稍作辨析，以澄清事實。

　　《秘密使者》，法國迦爾威尼著，吳門天笑生（包天笑）譯。原作即凡爾納的 *Michael Strogoff de Moscou à Irkoutsk*，今譯《沙皇的信使》，包天笑由日本人森田思軒的《瞽使者》轉譯而來。該書主要講了這樣一個故事：

> 俄皇愛烈珊德第三時，叛將渥可烈糾合土耳其兵作亂。帝弟大
> 公爵被圍於也爾克苦，帝命穆勒・蘇朗笏爲秘密使者往諭之，經歷
> 千辛萬苦，奇絕險絕。〔註12〕

　　蘇朗笏的英勇事跡是本書的主線，本書還有另一條愛情故事的副線。蘇朗笏在前往西伯利亞的路上，救了前往探望父親的孝女那貞，兩人一路共患難，產生了感情，最終，在蘇朗笏完成沙皇交給的重任後，二人結婚。可以說，本書一點科學知識的成分都沒有，不是科學小說。

　　《秘密使者》被小說林社歸入地理小說，它的翻譯與俄國侵略中國的危機有關。譯者天笑稱「是書開譯之日，在日俄開戰之前一日」。譯者翻譯這本書的重要原因之一是，它「詳述西伯利亞風土人情，山川景物」，又有趣味，而一般的俄國地理書太枯燥。讀者讀了此書後，對於俄國地理情況有所瞭解，有利於防備這個國家。此外，本書「情事之離奇變化，往往在不可思議之中……亦以見彼種族之堅忍卓絕，以爲我國民借鏡之資也」〔註13〕，這也是譯者翻

〔註11〕　神田一三《魯迅〈造人術〉的原作》，《魯迅研究月刊》2001年第9期；和《魯迅〈造人術〉的原作・補遺——英文原作的秘密》，《魯迅研究月刊》2002年第1期。
〔註12〕　見《日本劍》上卷書後廣告，小說林社，1905年版。
〔註13〕　包天笑《秘密使者・譯餘贅言》，《秘密使者》上卷，小說林社，1904年初版。

譯此書的一個重要原因。

《無名之英雄》，法國迦爾威尼原著，吳門天笑生（包天笑）譯述。即 *Famille sans nom*，今譯《無名之家》，森田思軒譯為《無名氏》，東京春陽堂明治三十一年（1898 年）初版，包天笑從森田思軒的譯本轉譯而來。書分上中下三冊，共二十五章，「詳述加拿大之法人秘密運動，覆英政府事」〔註14〕。起義軍的領導人自稱無名氏，實際上是賣國奴史孟・毛稚之子，名叫次安。父親的行為給他們全家帶來了屈辱，只好隱姓埋名，「抱終天之恨為國民之犧牲」〔註15〕。起義失敗，次安和戀人絳靈死在了一起。此書被小說林社歸入「國民小說」。寅半生對此書的評價是：「全書所敘筆力矯健，令人為國捐軀之念油然而生。膩友絳靈至性纏綿，尤足令人感泣。惜乎眾寡不敵，志士流血，讀竟為之憮然。」〔註16〕看得出來，此書也和科學小說無關。

小說林社出版包天笑所譯的《一捻紅》，有的研究者也歸入凡爾納作品，甚至歸入科學小說行列，其實它既不是凡爾納之作，更不是科學小說。《一捻紅》是一本偵探小說，故事梗概是這樣的：東京市發生奇案，十幾位年輕姑娘的臉被歹徒割破，但由於歹徒在夜間的偏僻處作案，而且手法敏捷，所以沒有人看清歹徒的樣子。大偵探藤野負責調查這件事情。藤野偵探的外甥水田德次郎是一位作家兼記者，他受報社領導派遣，到藝妓館秋風館去暗中調查黑幕。秋風館的侍女菊子告訴水田，自己很喜歡他的小說《山櫻》，而且有著和《山櫻》女主角一樣的名字和類似的遭遇。她懇求德次郎幫她逃出秋風館。但實際上，菊子和割面案的兇手中野長良是戀人，她要和中野長良一起逃走，卻企圖栽贓給德次郎。德次郎聽到了他們的密計，告知了警察。到了約好的那一天，由於德次郎的朋友關山人無意中的破壞，中野長良和菊子陸續逃脫了警察的羅網。藤野偵探追蹤二人，反被捉住扔到山洞中。德次郎和關山人也追蹤而至，同樣被扔到了山洞中。二人盡力逃脫，救出了藤野偵探，抓獲了中野長良和菊子。割面案發生之前，水田德次郎與藤野的女兒蝶娘相愛，但藤野並不同意婚事。破案後，藤野改變了對水田的看法，水田和蝶娘結婚。凡爾納一生中從未寫過偵探小說，更別說像《一捻紅》這樣帶有日本風味的偵探小說了。所以，這本書的原作者絕對不是凡爾納。在 1906 年 2 月

〔註14〕寅半生《小說閒評》，《遊戲世界》第 10 期，1907 年。
〔註15〕見《日本劍》上卷書後廣告。
〔註16〕寅半生《小說閒評》，《遊戲世界》第 10 期，1907 年。

14 日的《時報》上，刊登了《小說林出版〈一捻紅〉》的廣告：

　　　本書吳門天笑生譯，東文原本。東京市出一奇案，年少閨女之
紅顏忽被匪徒無端割破，數日內多至十餘人。手段敏捷，目不及瞬。
卒被大偵探藤野探出底蘊，雙雙被縛。

該廣告既然說《一捻紅》是「東文原本」，就是說，此書的原著語言是日文。
據此線索，筆者在日本國立國會圖書館的近代數字庫網站上搜索得知，《一捻
紅》的底本是江見水蔭、關戶浩園合著的《女の顏切》，日本青木嵩山堂明治
二十八年（1895 年）出版。

　　因此，並非凡爾納的所有作品都是科學小說。《秘密使者》和《無名之英
雄》應該除外，《一捻紅》的原作是日本偵探小說《女の顏切》，根本就不是
凡爾納的作品。我們既然在這一節中對於誤歸入科學小說的作品作了辨析，
那麼，下面就是對於那十部科學小說的具體分析了。

　　在以下兩節中，筆者將主要圍繞小說林社科學小說中體現的科學觀展開
論述。該社的科學小說裏面既有對於物質科學的謳歌，也有對於物質科學之
外的精神和靈魂力量的讚美；既有對於科學力量的傾心推崇，也有對於科學
局限性的反思。總的來說，這些作品呈現一種非常紛雜的面貌，其中不乏裂
縫和牴觸之處，值得我們深入探討。

第二節　物質科學與精神科學

一、物質科學的神奇與美妙

　　既然「導中國人群以行，必自科學小說始」，啓蒙者們要利用科學小說來
達到「傳播知識，補助文明」的作用，自然要在小說中渲染科學技術的神奇
功效。

　　對於科學技術的神奇力量，這方面表現最明顯的是凡爾納的《秘密海
島》。在美國南北戰爭中，有五個人從美國南部城市李氣孟乘坐氣球逃走。途
中，氣球破裂，他們墜落到太平洋的一個荒島上。這五人的身份分別是工程
師、記者、黑人、水手、少年，可以說涵蓋了社會的各個階層，但其中心人
物是工程師哈定。他簡直可以說是物質科學的擬人化代表。他幾乎掌握了日
常生活所用的一切科學知識：他用兩塊手錶玻璃做成透鏡，用它來取火。他
測繪出荒島的地形圖，並將它命名爲林肯島。他在發現了黏土、好幾種金屬

礦以及煤炭之後，做了一個爐子，隨後又做了一隻冶煉風箱，終於煉出了鋼鐵，並用這些鋼鐵製造了首批用具。他經過長時間的反覆試驗後，成功地製造出了炸藥，並用它炸開了一個花崗石高地，以便將高地那邊的湖水引出來。他們在島上建造房屋，種植莊稼，開設牧場。他們還製作了一部電報機，使住地與農墾場取得聯繫。他們利用科學知識來改造環境，取得了巨大成功，正如書中所言：

> 眾人自離李奇孟至林肯島以來，已三年有半，雖艱苦備嘗，幸而賴科學之力，一切均轉危為安。加以島上物產豐富，盡人事之能，地產之利，得於數載之間，極力經營，暗中且得異人之助，遂使荒原絕島變為富庶之區。〔註17〕

科學的力量大到可以「使荒原絕島變為富庶之區」，對於晚清的人們來說，這確實非常吸引人。從另一方面來說，林肯島其實可以說是一個國家從貧弱變成富強的縮影。科學的力量既然可以使得林肯島變得富庶，使得島上的人們生活越來越好，那它自然也可以使得晚清貧困的中國慢慢富強起來。《秘密海島》可以說喚起了當時人們依靠科技來達到經濟繁榮的強國夢想。

這本小說雖然有很多科學知識，但並不使人覺得枯燥和厭倦。五個人流浪到一個荒島上，並努力生存下來，這本身就是一個《魯濱遜漂流記》式的探險故事。總體的故事框架已經夠引人入勝了，作者又在其中穿插了許多生動的小故事，增強了小說的趣味性。從小說的一開始，島上就經常有神奇事件發生：在氣球著陸時，哈定被海浪從氣球的弔籃網上打入大海，但幾天後，夥伴們卻發現他躺在一個岩洞中昏迷不醒，身上卻穿著乾衣服，是誰救了他？這是他們遇到的第一個謎。島上的人們遭到海盜襲擊，海盜船卻突然被水雷炸毀。島上諸人並沒有水雷，更別說施放水雷了。幸存的海盜逃上了林肯島，但又奇跡般地被全部消滅。種種跡象，都表明島上還有一個神秘人存在。小說快結尾的時候，神秘人終於和他們聯繫了，並告訴了他們自己的身世。神秘人原來是《海底旅行》中的主人公李夢船長。李夢原來是印度一個小國的王子，他試圖聯合同志離開英國獨立，不幸失敗。李夢從此就過著海上生活。他造出海底潛艇內支士，以林肯島的地洞作為港口已經六年了。當島上諸人見到李夢時，他已經垂危。他們遵照船長的囑託，在他死後，打開內支士船

〔註17〕《秘密海島》卷三第68頁，法國焦士威奴著，元和奚若譯述，武進蔣維喬潤詞，小說林社，1906年版。

的閘門，讓內支士船帶著他的屍體一起沈到海底。在去世前，李夢告訴大家說，林肯島隨時會爆炸。這可怕的事情果然發生了，林肯島只剩下了一塊狹小的岩石。島上諸人擠在岩石上，幾乎陷入絕境，在千鈞一髮之際，被救走並回國。

凡爾納的小說，就是這樣達到了科學和趣味性的完美結合。1880 年 6 月 24 日，儒勒‧凡爾納給埃納貝爾上校寫信時談到：「讀者不要求說教，而要求趣味。要想教育他們，就別裝出要教育人的樣子，讓教育滲透於情節之中，否則便達不到目的。」〔註 18〕科學知識也是這樣滲透到情節中，慢慢爲讀者接受。魯迅在《〈月界旅行〉辨言》中說，「蓋臚陳科學，常人厭之，閱不終篇，輒欲睡去，強人所難，勢必然矣。惟假小說之能力，被優孟之衣冠，則雖析理譚玄，亦能浸淫腦筋、不生厭倦。……故掇取學理，去莊而諧，使讀者觸目會心，不勞思索，則必能於不知不覺間，獲一斑之智識，破遺傳之迷信，改良思想，補助文明，勢力之偉，有如此者！」〔註 19〕凡爾納小說確實是魯迅這段話的理想注腳。凡爾納的小說大都如此，除了包羅萬象的科學知識外，還有一個冒險故事的殼，趣味性十足，這是他的小說在晚清受歡迎的一個重要原因。

《非洲內地飛行記》，又名《飛行記》，主要講的是英國人貝爾遜、朋友開匡奇、僕人約安三人乘坐氣球，飛越非洲大陸的故事。在凡爾納的時代，氣球任意升降是不可能的事。書中的主人公貝爾遜想到了一種使氣球自由升降而又用不著耗費半點氣體的獨特方式。他只要在一根蛇形管中加熱外殼的氫氣，氣球便能升高，而他只要停止加熱，便可以降低飛行高度。這樣，他就能夠尋找有利的氣流。在這本小說中，科學知識的成分併不像在《秘密海島》一書中占的比重那麼大，可以說，最主要的科學知識成分就是如何製造氣球及如何使氣球升空了。也許是氣球、飛艇等題材的小說和科普知識在晚清司空見慣，小說林社並沒有將此書歸之於科學小說，而是歸入冒險小說的行列。小說林社對於冒險小說的規定是：「偉大國民，冒險精神。魯敏孫歟？伋僕頓歟？雁行鼎足。」〔註 20〕冒險小說可以鼓勵中國民眾學習西方人勇於

〔註 18〕 轉引自《凡爾納傳》，〔法〕讓‧儒勒‧凡爾納著，劉扳盛譯，長沙：湖南科學技術出版社，1983 年版，270 頁。

〔註 19〕 周樹人（魯迅）《〈月界旅行〉辨言》，見 1903 年日本東京進化社版《月界旅行》，轉引自陳平原、夏曉虹編《二十世紀中國小說理論資料》（第一卷）頁 68，北京：北京大學出版社，1997 年版。

〔註 20〕 《車中美人》書後廣告。

探索未知事物的精神，並且，具備堅強的體能和智慧，中國國民才能戰勝過於文弱的弱點，屹立於世界民族之林。然而，

> 是書雖小說，而於非洲內地山水道里，土人蠻族，風俗習慣無一非徵實者，前後三十五日，涉於死者數次，一冒險小說，亦一地理小說也。〔註21〕

確實如此，這本書主要以描寫非洲內地的風土人情爲主，在作者筆下，非洲風光歷歷如繪。小說人物在空中飛翔，可以居高臨下地俯瞰非洲美麗獨特的風光：他們找到了尼羅河的源頭，穿越了撒哈拉沙漠，看到了大瀑布。一部以地理題材爲線索的小說，其中如果沒有任何奇遇的穿插，是很難引起讀者興趣的。所以，書中插入了主人公的種種冒險行爲：他們與變幻不定的氣候鬥爭，戰勝了暴風雨；因爲沒有風，氣球滯留在沙漠中，三人幾乎渴死，幸虧起風了，真是九死一生的經歷；他們在非洲大地獵獅、獵大象、獵鱷魚；還與土人戰鬥。對當時的晚清讀者來說，這些經歷應該是非常新奇有趣的，是科學小說中引人入勝者。其中有一個妙趣橫生的情節：三人乘坐的氣球被土人當作是月亮，並把他們視爲月亮之子，請博士去爲病入膏肓的頭人治病。後來月亮升起來了，土人看到有兩個月亮，知道自己被騙了，就去追趕他們，但爲時已晚。凡爾納作品跌宕起伏的情節、生動的敘述，一定會讓晚清的讀者深深折服。小說家揭示出了科學本身存在的神奇美妙的成分，展示出科學家和現代探險家的種種神奇的探險，實證科學和幻想的奇迹在書中融爲一體。

對於物質科學的讚頌，在小說林社的科學小說中還有很多例子。應用科學技術不僅可以富國，可以到更廣闊的空間中去探險，還可以保家衛國（《新舞臺》、《新紀元》），可以移植人體器官（《鳳厄春》），甚至可以造出新人（《造人術》）。這些小說有利於喚起讀者對於物質科學的嚮往。但是，其中有的科學發明過於神奇，結果反而走向非科學了。

蔣景緘的《鳳厄春》講述了一個神奇而近乎荒唐的故事：女子鳳英經常喝一種由一位徐姓老者製造的興元酒，後來鳳英竟然變成了男子。陰陽轉換的原理是這樣的：

> 老者素研究生理之學，於男女之體質考之尤詳，遂發明一最驚奇之思想，爲世所創見者。夫男女之在胎中，自三月分形，剛柔內

〔註21〕《新書紹介》，《小說林》雜誌第五期，1907 年 8～9 月。

外，一成不易，詎非天造地設者乎。老者以爲男子之陰莖，即可爲
女子子宮之腔。男子精囊，即可謂女子之卵巢。男子精管，即可爲
女子之喇叭管。男子生元，即可爲女子之胞蛋。其他各部皆有可以
互換之因。〔註22〕

值得注意的是，引文中的「陰莖、子宮、精囊、卵巢、精管、喇叭管」
等名詞都是西醫和西方生理學的專有名詞。以上原理是否科學暫且不提，至
少可以見出作者對於西醫和生理學略有涉獵。

除了能夠轉換人的性別外，這位徐姓老者還掌握著神奇的器官移植技
術：他能夠將不同種類的小動物的肢體互換，換肢後的小動物還能夠走動；
他甚至還能給被仇家割去生殖器的僕人秦立換上一個新的生殖器。這些都是
作者的幻想，並不科學，連現代醫學也未必都能做到。

文後的《鳳厄春小敘》中，作者寫道：

昔楚王時，有丈夫化爲女子，王聘爲妃。宋徽宗朝，酒家婦生
須及寸。皆體中所含之質，完全發現，與一部分發現之特徵。前代
災祥符瑞之說，充於耳鼓。此種不經見之事，輒以爲國家徵應，愼
已。今值醫學昌明，全體解剖之學，日有進步，而此最要之問題，
最新之思想，吾國中或以爲猥瑣不足道者，乃數百年前，忽有醫學
巨子，首先發明，詎非至可驚奇者乎？

引文中，作者把古籍中的男女變性的神奇記載與西醫知識相提並論，古書的
記載因此成爲其接受西醫中的器官移植奇觀的心理和知識背景；而作者一知
半解的生理學知識，又爲他所掌握的古籍記載披上了一層科學的外衣。舊學
和新知在這本荒誕的書中得到了神奇的交織。

由於傳統記載和現代科學知識交雜，導致國人自己創作的科學小說中出
現部分非科學成分的例子，並非《鳳厄春》獨有。在《新紀元》中，因「潛
行雷艇乃二十世紀海戰最爲凶毒之利器」，黃之盛率領的軍隊受了敵人的重
創。《新紀元》的作者創造性地設想出了「洞九淵」來與之對抗。這洞九淵「乃
是一架機器，可以令它浮在水面，底下嵌有一鏡，人在上面將機輪略轉幾轉，
那鏡子旁邊就發出一股電光來」〔註23〕。這電光能夠照見海底各物，不論如
何深淺，皆能洞察毫芒。潛水艇被照得無可遁形，自然發揮不了作用。這機

〔註22〕《鳳厄春》頁40，浙江蔣景緘著，小說林社，1907年版。
〔註23〕《新紀元》第七回「呼將伯擬破潛水雷，謀抵禦商用綠氣炮」。

器太過神奇，讓人聯想起中國古代神怪小說的照妖鏡。

筆者指出上述兩部科學小說中的非科學成分，並不是要譴責作者的科學水平低下。其實，當時的科學小說作者大多是文人，文人的科學知識水平能有多高，這是非常值得懷疑的。我們不妨換一個思路來看，儘管裏面有不夠科學的地方，但是，以上小說宣傳了西學知識，儘管理解有不小的偏差，但對於消除民眾對於西學的恐懼，促進西學的影響還是有貢獻的。比如《鳳厄春》一書中，陰莖、子宮、精囊、卵巢等等確實是西醫的名詞。而器官移植等等也都是我國傳統中醫所沒有的思想。這本科學小說雖然不夠科學，但從另一方面說，它反映了生理學、解剖學和西醫知識在社會上已經開始為人瞭解。這樣的書多了，對於增加以上幾門科學的影響，促進其傳播是有好處的。〔註24〕

小說林社出版的科學小說中，對於物質科學的想像與讚頌，確實可以促進民眾對於科學的好感和好奇心，但也帶來了一定的消極因素，即對於殖民主義和軍國主義的宣傳。這方面以《新紀元》和《新舞臺》為代表。

碧荷館主人的《新紀元》一書，描寫已經是世界強國的未來中國與白種諸國聯盟之間的一場大戰。故事發生在 1999 年，起因是中國決定採用黃帝紀年，並電告同種諸國。這引起白種諸國的極大恐慌，認為是中國聯合黃種諸國、稱霸世界的先聲。黃白兩種間的世界大戰終於爆發，雙方紛紛拿出最新式的高科技武器互相鬥法，結果黃種技高一籌，大獲全勝。白種諸國被迫與黃種諸國簽訂屈辱和約，包括賠款、設租界，享有治外法權、河海航行權，傳播孔教等條款，簡直是中國的馬關、辛丑等喪權辱國條約的翻版。晚清，帝國主義侵略病弱中國；《新紀元》中，碧荷館主人又讓富強起來的中國壓迫

〔註24〕 《生生袋》（支明著，韜梅評。《繡像小說》49～52 期，1905 年）也是與《鳳厄春》類似的生理學故事。作者寫作之目的是「人之全身，為膜所裹，宛如雙層之夾皮袋，外為皮膚，內為涎膜；肌骨經血，包羅宏富，生生之道，實寓於此」，「鄙人則為生理學繪一真相」。這部小說是幾個小故事的集合，其中也有違反科學的地方，如《老叟之變形》中，小山村裏來了一位不速之客，他把老學究的身體拽了幾下，結果老學究「變傴僂為修長」、「改枯瘁為豐潤」。在《移血之奇觀》中，這位不速之客用牛、狗、羊的血灌入瘋人體內，瘋人居然就變為正常人了。前一個故事在現代醫學中絕無可能，而後一個故事是要出人命的。但裏面也有比較科學的描寫，如小說中談及肺病患者要多呼吸新鮮空氣以及對於僵屍追人的科學解釋等。整個故事雖然科學知識與非科學知識摻雜，但這樣的故事多了，對於破除迷信，引導人們注意生活衛生，卻是有用的。

別的國家，作者的思想依然彌漫著弱肉強食的軍國主義和殖民主義意識。

　　徐念慈翻譯的《新舞臺》一至三編，主要寫的是日本創造出海底軍艦，抵禦俄國的故事。這三編其實是押川春浪著名的「武俠六部作」中的三本。徐念慈非常讚賞裏面的愛國和英雄主義精神，他在《余之小說觀》一文中稱：「日本蕞爾三島，其國民咸以武俠自命、英雄自期……故博文館發行之……《武俠之日本》……《武俠艦隊》……一書之出，爭先快睹，不匝年而重版十餘次矣。」〔註25〕

　　《新舞臺》系列小說有著凡爾納《海底兩萬里》的痕跡。這本書裏面，確實有科學幻想的因素，比如海底潛艇、熱氣球等，但書中也彌漫著日本人的軍國主義精神：他們認為日本是亞洲領袖，有義務帶領亞洲其他國家反抗白種人。這其實非常容易成為侵略他國的藉口。

二、科學小說中的精神與靈魂

　　科學小說，顧名思義，應該充盈著對物質文明的想像和讚頌，但是筆者卻從以小說林社出版物為代表的近代的科學小說中，發現了對於靈魂和精神力量的重視。

（一）靈魂的巨大力量

　　1905 年，徐念慈創作的科學小說《新法螺先生譚》出版。該書雖是根據包天笑譯的《法螺先生譚》、《法螺先生續譚》撰寫的戲仿之作，但只是沿襲了原作的「殼」──主人公的名字「法螺先生」和漫遊的結構，內核已經很不相同。原作來源於德國民間傳說「敏豪森公爵歷險記」，主要以荒誕戲謔取勝，但《新法螺先生譚》加入了很多的科學內容，是較早的由國人自著的科學小說。此書主要寫「新法螺先生」於一高山之巔，靈魂軀體一分為二，靈魂飛向太空，遨遊水星、金星、太陽，軀體下墜至地心，見到中華民族的始祖。後來回到地球，靈魂軀體合而為一。他發明了萬能能源──腦電，希望為人們造福，不料造成地球上三分之一的人口失業，只好草草歇手。作者的科學知識水平在當時來說相當高，小說裏面科學名詞俯拾即是，舉凡動物學、植物學、礦物學、生理學、化學等學科都有所涉及。但是，細讀之下，卻可發現其中蘊含著與物質科學隱隱對抗的因素，即對於精神力量尤其是靈魂力

量的強調。

首先，與絕大部分科學小說不同，「新法螺先生」的漫遊並未借助任何交通工具，而是通過靈魂出竅的方法做到的：

> 余幼時頗迷信宗教者言，深信所謂天堂也、地獄也。以爲偌大世界，何事蔑有。科學家僅據礦物界、植物界、動物界種種之現象，種種之考察，以爲凡物盡於斯，凡理盡於斯。使果然爲，則世間於科學外，當無所謂學問，不復有發明矣，而實驗殊不然，何哉？〔註26〕

「新法螺先生」對於科學研究僅僅圍繞物質界進行的現狀深感不滿，相信科學之外當別有學問，苦思冥想不得其解，導致神經錯亂。後來某天奔至一高山之巔，該處恰好位於「諸星球所出之各吸力」的中心點，在狂風的顛倒舞弄下，新法螺先生的靈魂與軀殼分而爲二。

「新法螺先生」靈魂出竅之後，靈魂與軀體各自具有獨立的功能和行動能力，而且可以自由組合：「余能將軀殼之一身與靈魂之一身可渾而爲一，可析而爲二；又可以靈魂之一身析爲二，而以半入於軀殼中，可以軀殼之一身析爲二，而以半包於靈魂外」，「且縱分析，其能力依然不失毫釐。」〔註27〕

更神奇的是，「新法螺先生」的靈魂可以發出強光。他在峰頂苦苦研究，「乃將靈魂之身煉成一種不可思議之發光原動力」，光力是太陽的一萬萬倍，是月亮的二百萬萬倍。他將靈魂高捧至頭頂，靈魂發出的光芒照徹歐美，當地的科學家紛紛揣測光之由來，均未得端倪；「新法螺先生」又將靈魂之光遍照中國，希望能驚醒同胞之迷夢，不料中國人仍在酣睡，置刺眼之光明於不顧。

「新法螺先生」憤怒之極，將靈魂之身失手墜於地上，由於彈力，靈魂脫離地球，飛入太空，與月球相撞後，又相繼落在水星和金星之上，最後竟飛向太陽，繞太陽數周後返回地球，與漫遊地底歸來的軀殼合而爲一。

一般的科學小說，即使是國人自著的科學小說中，主人公都是借助氣球（《月球殖民地小說》）或飛空艇（《烏托邦遊記》）等交通工具來進行漫遊的，但在《新法螺先生譚》中，主人公的漫遊沒有借助任何東西，他唯一借助的是自己的靈魂。靈魂出竅的情節，在中國古代的敘事作品中是比較普遍的，

〔註26〕徐念慈《新法螺先生譚》頁1～2，小說林社，1905年版。
〔註27〕《新法螺先生譚》第6頁。

但在象徵著西方科技文明的「科學小說」中出現，確實是不太和諧。而且此書中對靈魂的作用強調到了極點：靈魂可以發出照徹全世界的強光，靈魂與身體可以自由組合，甚至靈魂可以獨自遨遊太空。這些狂想出現在一部「科學小說」中，頗讓人迷惑。

其次，新法螺先生漫遊完畢，歸來中國後，發明了「腦電」。「腦電」是萬能能源，既可發光、生熱，又可傳聲，基本可以做到物質科學所能做到的一切事情；甚至能做到物質科學所做不到的事情：一個人不用出門，只需坐在自己的房間裏，發動「腦電」，就可以和別人交流。

有著如此巨大作用的「腦電」究竟是什麼呢？

> 余思自電氣學發明後，若電信，若德律風，既爲社會所歡迎，旋又有所謂無線電者。余謂此尚是機械的，而非自然的也。自然力之利用，莫若就人人所具之腦藏，而改良之，而推廣之。人與人之間，使自然有感應力。腦藏既被感應，乃依力之大小，而起變化，依變化之定律，而訂一通行之記號，而腦電之大局以定。〔註28〕

原來是利用人人都有的大腦來產生感應力，有所變化、有所規範後，來產生一種新能量。由此看來，所謂的「感應力」其實是純粹精神性的東西。利用純粹精神性的東西來做到只有通過物質才能做到的事情，這種對精神力量極度誇大的想法，出現在「科學小說」中，實在是非常弔詭。那麼，這種有些古怪的想法是怎麼來的呢？

從文中可以看出，「腦電說」的「發明」與當時流行的催眠術關係很大：

> 斯時，上海有開一催眠術講習會，來學者雲集其中，最元妙不可測者，爲動物磁氣學，又觸余之好奇心，擬於此中開一特別之門徑。余自環遊日球後，驟與余軀殼之身相合，而腦藏中有一種不可思議之變化。余每思利用之，必能使實業界生一大妨礙。伊何事，則發明腦電是也。〔註29〕

可見「新法螺先生」的發明「腦電」是受到上海催眠術講習會所講動物磁氣學的啓發。據1905年5月28日的《大陸報》第三年第七號之《催眠術講義》：「近日上海教育會通學所，延會稽陶氏講授催眠學。」〔註30〕陶氏在上海講

〔註28〕《新法螺先生譚》第35頁。
〔註29〕《新法螺先生譚》第35頁。
〔註30〕會稽陶氏，指的是陶成章。陶成章（1878～1912），字煥卿，浙江紹興人。光

述催眠術與《新法螺先生譚》的出版是在同一年，徐念慈又是中國教育會成員，他很有可能聽到陶氏的催眠術講座後，受了啓發，從而創造出《新法螺先生譚》中的相關情節。

文中所謂的「動物磁氣學」是什麼呢？據當時的流行說法，動物磁氣學是催眠術的原理之一，大致內容是說：「宇宙間有比以太更細微之流動體充滿焉，藉其物流動之力，爲天人感通之媒介，並傳達人與人相接間之一種感化力，此活動之流動體曰動物磁氣。」〔註31〕也就是說，它是一種兼具物質和精神雙重特性的微粒，可以作爲人與人之間相互感應的媒介。

需要說明的是，催眠術在彼時被認爲是施術者對受術者靈魂的控制〔註32〕，所以小說中對催眠術原理的借鑒，歸根到底，還是出於對靈魂、對精神力量的重視。

綜上可知，科學小說《新法螺先生譚》在廣泛涉及西方近代科學知識的同時，已在更深的層次上流露出對於靈魂、對於精神力量的濃厚興趣。這些因素出現在科學小說中，從現代人的眼光看來，是很不和諧的。而且，這種不和諧的因素並非只出現在《新法螺先生譚》這一部小說中。《小說林》雜誌連載的《電冠》也有類似情節。

復會的發起人之一，同盟會成員，曾多次組織反清武裝起義，在辛亥革命時期起過重要作用，1912 年被暗殺。魏蘭《陶煥卿先生行述》：「乙巳……先生因中國人迷信最深，乃約陳大齊在東京學習催眠術，以爲立會聯絡之信用，並著有《催眠術精義》一書。夏間歸國，設講習所於上海。」（陶成章著、湯志鈞編《陶成章集》，北京：中華書局，1986 年版，第 429 頁。）又，柳亞子《紀念蔡元培先生》：「明年乙巳暑假中，我又到上海，就學於中國教育會所辦的通學所，聽陶煥卿先生講催眠術。」（《蔡子民先生紀念集》，浙江研究社，1941 年版。轉引自陳平原、鄭勇編《追憶蔡元培》，北京：中國廣播電視出版社，1997 年版。）此外，蔣維喬《鷦居日記》自乙巳年（1905 年）五月廿一日到同年的六月初六日，均有到通學所學習催眠術的記錄，五月三十日更有「上午往訪陶君輝卿，談催眠術」的記載。（筆者按：「輝卿」當是「煥卿」之誤。蔣維喬：《鷦居日記》，上海圖書館藏手稿本。）綜上可知，陶成章確實於 1905 年夏天，在上海教育會通學所講授催眠術。其講義的一部分發表於《大陸報》第三年第七號與第八號（1905 年 5 月 28 日、6 月 12 日），名爲《催眠術講義》。全部講義後由商務印書館於 1906 年出版，仍名《催眠術講義》，1907 年出第 3 版，至 1928 年巳印至第 24 版。

〔註31〕《催眠術論》，《大陸報》第三年第 10 號，1905 年 7 月 12 日。
〔註32〕參見梁啓超《子墨子學說》，《飲冰室合集》第 8 冊，專集之三十七，北京：中華書局，1989 年版，第 46 頁。

　　陳鴻璧翻譯的《電冠》〔註33〕中，天才科學家高德士深愛女子梅姿，但梅姿另有所愛。在蔡禮和的協助下，高德士囚禁了情敵葉樂生，並在他身上實驗新發明的機器。將該機器置於頭頂，可將人心中的所思所想化爲文字和畫面放映出來。該機器的原理是：

　　　　思想者，亦爲一種通流之物質，其爲物與電氣同，其運動與光同。彼腦者，僅爲生發動力之機器耳。吾已知人腦亦能生發一種光線，吾言光線，易言之，可呼爲震力。此力乃由腦中升上，狀如沸甑中之氣上升，斯即一腦能運用他腦之緣也，亦即催眠術之理也。吾之法所能爲也，即將此種光線收聚而驅策之。吾能於君思想之時，置一器於君首而收聚其思想之震力。」……吾可運用之如電浪，吾將其傳至遠處，復以一最精巧之器，將此等震力變成自己或畫景映照於屏上，而任人觀覽焉。要之，所顯出者，悉隨其人之思想而成形，即本人亦無權可以秘密之。〔註34〕

認爲思想（精神）與電與光是類似的東西，這種觀點與《新法螺先生談》異曲同工：我們不要忘記《新法螺先生譚》中靈魂可以發出強光，還有神奇的「腦電」。怪不得徐念慈對這篇小說很感興趣，並詳細評點。他在文後的評論中說：「余嘗謂今世科學之發明，亦已至矣，然僅物質之發明，而於虛空界之發明則尚未曾肇端也。宗教家之言靈魂，似已入虛空界，然所謂苦，所謂了，仍入人意中，而未嘗出人意外；其言誑也，足以欺愚人，不足以證眞諦。自催眠術列科學，動物電氣之說明，而虛空界乃稍露朕兆。吾不知以後之千萬世紀，其所推闡，又將胡底，吾自恨吾生之太早太促矣。」〔註35〕他在這裡流露出的對於「虛空界」之發明的興趣，與《新法螺先生譚》可謂一脈相承。

　　《電冠》一書還能看出西方靈學的影響：小說中說：「近代科學日益發達，迷信虛妄之事已無復稱道之者，然僅物質上之發明而已，於精神上之發明，尚未能窮其緣。委柏明謙大書院之總理某，常著論斥世人專注意於實質之非，於是魂學專家輩出，研究而講求之，冀有所得。」〔註36〕科學家高

<hr />

〔註33〕　《電冠》，英國佳漢著，陳鴻璧譯，《小說林》雜誌一至八期，1907 年 2 月至 1908 年 1 月。
〔註34〕　《小說林》第五期，1907 年。
〔註35〕　《小說林》第二期，1907 年 3 月。
〔註36〕　《電冠》十六章，載《小說林》第六期，1907 年。

德士還有一個身份是「魂學家」。而高德士囚禁葉樂生的案子之所以被偵破，要歸功於另一位研究魂學的專家——新聞記者梅哲伯。他在高德士家裏無意中拿回一隻煙盒，而這隻煙盒正是葉樂生的。梅哲伯在把玩煙盒時，曾做過高德士囚禁葉樂生的幫兇、後爲此事羞愧自殺的蔡禮和的鬼魂現身在他面前，努力想告訴他些什麼而未果。剛剛入睡，又在夢中見到葉樂生正在一個非常危險的地方，但又沒法看清他有著怎樣的危險。梅哲生對此的解釋是：葉樂生現在正被仇家所困，「伊正欲借其腦之精靈，通信於能救助彼之人也。」結果，當晚，蔡禮和的幽靈也現身到葉樂生的女友梅姿的面前，並給她託夢，告知葉樂生所在地。梅姿和梅哲生一見面交談，高德士的罪行於是敗露了。

在科學小說《電冠》中出現了鬼魂現身的情節。而鬼魂現身正是打著科學旗號的西方靈學慣用的伎倆。雖然小說林社的科學小說中也出現了鬼魂，但是，這並不代表編輯們就相信鬼魂存在，徐念慈在評語中寫道：

> 有鬼無鬼，一大問題也。宗教家、物質學家，各信其是，每相持而不決，余固不信爲有鬼，且入世三十歲，亦未曾一見鬼爲何狀。但於蘇州戚家曾親聞一種聲響，忽輕忽重，忽疾忽徐，忽大忽小，戌亥時起，至天明時止，按時不爽，決非尋常貓鼠所能致此。聞者咸曰：此中有鬼。余曰：此特聲耳，不可謂爲鬼。若轉問聲從何來，則固結舌不能對也。余讀第十六回，言近代科學日益發達，然僅物質上之發明而已，於精神上之發明，尚未能窮其源委，旨哉，知斯意方可與之言鬼。〔註37〕

可見，徐念慈對於有鬼無鬼半信半疑，他的觀點是：近代科學基本上是「物質上之發明」的繁榮，而對於「精神上之發明」研究得很不夠，所以也就沒法探明究竟有鬼還是沒鬼。在這裡，我們依然可以看出徐念慈對於「精神上之發明」的興趣。

《新法螺先生譚》與《電冠》並非近代決無僅有的強調精神因素的小說。非小說林社的出版物中也有類似現象：卓呆的《秘密室》〔註38〕寫「我」的曾伯祖泰德被人催眠，因施術人突然死亡，無人催醒，沉睡了八十四年。而「我」看了一本德國的雜誌，上面說「人工的睡眠，要使他蘇醒，並非難事，只要動作者信仰自己之力，有決不失敗的意志」。「我」依言向躺著的老人凝

〔註37〕見《電冠》第二十章後「覺我贅語」，《小說林》第七期，1907 年。
〔註38〕《小說月報》第三年第三期，1912 年 6 月。

視，並大聲呼喊，老人就醒了。秋山的《消滅機》中〔註39〕，「我」和朋友利用類似照相機的機器來攝人魂魄，被攝到的人就會暫時從世界上消失。

另外近代的科學小說中還出現了諸如「催醒術」、洗腦、換腦、治心等種種和精神改造密切相關的內容。可見，近代科學小說中，靈魂和精神因素的存在確實是一個不可忽視的現象，值得我們認眞研究。下面我們要探討一下貌似不和諧的靈魂與精神因素是怎樣進入科學小說的，換句話說，就是「關於靈魂的學問」是怎樣被晚清人當作科學的？

（二）心靈之學為格致之基

上面說過，《新法螺先生譚》中神奇的腦電構想，與催眠術原理關係很大。但腦電之說並非只有催眠術原理一個源頭，也頗與譚嗣同《仁學》一書相呼應〔註40〕。

譚嗣同在《仁學》裏明確提出，「腦即電矣」，「電氣即腦」，「腦爲有形質之電，是電必爲無形質之腦。人知腦氣筋通五官百骸爲一身，則當知電氣通天地萬物人我爲一身也」〔註41〕。那麼，腦電是怎樣將萬物人我貫通爲一身的呢？或者說，腦電作用的原理是什麼？這就要引出「以太」這個概念了。

《仁學》中的「以太」是一個具有物質和精神雙重特性的概念。以太是構成宇宙和萬事萬物的最小微粒，但又不是純物質性的東西。它充滿於萬事萬物之中，最基本的功用是「通」：「獨至無形之腦氣筋如以太者，通萬物人我爲一身」。於人身，表現爲「腦氣筋」，將腦的命令傳達到人身各個部分，將人身貫通爲一個整體；於萬物人我之間，表現爲電，而電「寄於虛空」，「無物不彌綸貫徹」，萬物人我之間也就可以彼此感應，如同一身。因此，我產生一個念頭，我說一句話，千里之外也會有人感覺到。〔註42〕

〔註39〕秋山《消滅機》，《中華小說界》第三卷第一期，1916年1月。

〔註40〕王德威曾經指出，《新法螺先生譚》中的腦電之說，頗與彼時康有爲、譚嗣同的仁學與電學說相呼應。（王德威《想像中國的方法》，北京：三聯書店，1998年，第57～58頁。）其實認爲電與腦與意識精神具有類似和等同性，幾乎是當時思想界普遍一致的看法。如康有爲稱「不忍人之心，仁也，電也，以太也」，「無物無電，無物無神，無物無電，無物無神，夫神者，知氣也，魂知也」（《大同書》）；唐才常認爲「腦氣筋爲電學之理」（《覺冥顯齋內言》）。參見李澤厚《中國近代思想史論》，天津社會科學出版社，2003年版，第106頁。這裡單拈出譚嗣同，是因爲他在《仁學》中的相關論述，比其餘諸家更加明確集中。

〔註41〕譚嗣同著，蔡尚思、方行編《譚嗣同全集》（增訂本），中華書局，1981年版，第295頁。

〔註42〕本段引文均見《譚嗣同全集》（增訂本）第295頁。

可以說，「新法螺先生」的「腦電」與譚嗣同的「腦電說」，不止名稱相似，在原理上也是基本相同的：它們都強調人與人之間可以通過某種媒介（「動物磁氣」、「以太」）來產生精神性的感應力，此媒介從而帶有了物質和精神雙重特性。

譚嗣同的腦電說也不是自己獨創。已有論者指出，其《仁學》深受美國烏特亨利《治心免病法》的啓發。特別是《治心免病法》對於「以太」的解釋，成爲譚嗣同架構《仁學》的基本依據。〔註43〕

> 考萬力之大，以人之思念爲最。思念有變化，其有相關者最煩。
>
> 近西國考得萬物內必有一種流質，謂之以太。無論最遠之恒星，中間並非眞空，必有此以太滿之；即地上空氣質點之中，亦有此以太；即玻璃罩內可用抽氣筒儘其氣，仍有之。蓋無處無之，無法去之。即無此以太，則太陽與恒行星之光不能通至地面，如聲無空氣則不傳，此可用抽氣筒顯其據。空氣傳聲，以太傳思念，同一理。不問路之遠近與五官能否知覺之事物，凡此人發一思念，則感動以太，傳於別人之心；別人之心，令亦有此思念。一遇同心，則彼此思念和合；一遇相反，則彼此厭之而退。人雖不覺思念有形聲，然實能感通人心。〔註44〕

以太彌漫於萬事萬物之中，無處不在。人與人之間，可以通過以太這種介質，傳達彼此的「思念」。「思念」雖無形，然而可以感通人心，傳播思想。「思念」的這種作用，簡直就是《仁學》中的「腦電」！

烏特亨利的《治心免病法》宣揚利用精神修養法來治病。要治病，首先要認識到心主身從，有治病的信心；具體操作是每天抽出一定的時間坐在屋裏，念誦「天父無不在」、「天父無不知」等二十七個口訣，病就可以治好。

〔註43〕 梁啓超說得很明確：「鄙人所敢斷言也，惟其中以太二字之名詞，出於傅蘭雅所譯《治心免病法》中。當時先生頗好此書。」（《新民叢報》壬寅年第二十號《問答》，轉引自董增剛《論譚嗣同〈仁學〉「以太」說》，《首都師範大學學報》社會科學版，1994 年第 5 期）。王國維亦指出，譚氏之說出自上海教會所譯《治心免病法》（《論近十年之學術界》，《海寧王靜安先生遺書》第十四冊《靜安文集》頁 94〜95）。日本學者阪元弘子爲此曾撰專文《譚嗣同的〈仁學〉和烏特亨利的〈治心免病法〉》，《中國哲學》第十三輯，頁 264〜275，北京：人民出版社，1985 年版。

〔註44〕 《治心免病法》上卷第 13 頁，美國烏特亨利撰，英國傅蘭雅譯，光緒二十二年（1896）春鐫，上海格致書室發售。

看得出來，這本書帶有濃厚的神學色彩。但是，作者為本書披上了一層科學的外衣，聲稱自己的方法是「以格致為基」，並稱「治心亦格致」：「尋常格致不過論有形體之事與物，而無形體者則認為與格致無關。此亦為大誤。夫論有形體者乃格致學入門之一小分功夫，其大而要者，尤在於治心之學。」〔註45〕也就是說，對物質的研究是科學，對於心靈的研究也是科學，而且還比前者更重要。

　　《治心免病法》在當時影響很大，譚嗣同對其推崇備至，並購置了一部送給老師歐陽中鵠〔註46〕；戊戌變法時期，譚嗣同等人在湖南創辦《湘報》和南學會，更將《治心免病法》列為「宜讀之書」，並擬「逐漸開講」〔註47〕。梁啟超的《西學書目表》，徐維則的《東西學書錄》，黃慶澄的《普通學書目錄》都收入此書，黃氏更將之列入「西學入門書」中。隨著此書在社會上的廣泛流傳，書中的重要觀點──「治心之學」重於「格致之學」自然也會造成不小的影響。當然，獨木難成林，「心靈之學」在中國成為科學並非《治心免病法》一書之功；當十九世紀末，一批「推明心靈之形用，及形用之憑何理」〔註48〕的「心靈學」著作被翻譯入中國，它們和《治心免病法》一起衝擊了中國的思想界。

　　關於近代心靈學著作，徐維則的《東西學書錄》收羅得比較全面，茲引錄如下：

> 　　《心靈學》，無卷數，益智書會本，一冊。美海文著，顏永京譯。西人論腦氣作用之說愈出愈精，大凡知覺為一網，情欲為一網，志決為一網。是書單譯智才一卷，餘未之及。
>
> 　　《知識五門》，一卷，益智書會本，一冊。美慕威廉著。造物生人，與以耳目鼻舌手，以成視聽嗅嘗摩五覺之外感，因境生情，結為景狀，皆覺動腦筋之所致，即所謂心靈層功用。此書即明五門知覺之理，以顯其動變之才能，然尚未詳備。（筆者按：這裡未標譯

〔註45〕　《治心免病法》下卷第27頁。
〔註46〕　「今謹購《治心免病法》呈覽」。譚嗣同《上歐陽中鵠書·十》，《譚嗣同全集》（增訂本），第461頁。
〔註47〕　《湘報》九十七號，轉引自董增剛《論譚嗣同〈仁學〉「以太」說》，《首都師範大學學報》社會科學版，1994年第5期。
〔註48〕　《心靈學》第一章第一段「心靈學之為何」，美國海文著，中國顏永京譯，光緒十五年（1889）益智書會本。

者，查梁啓超《西學書目表》，譯者爲顏永京。）

　　《人秉雙性說》，一卷，格致彙編本。英傅蘭雅著。人或秉有雙性，西人早有此論。傅氏更歷據往事，成此一篇，以證其理。此說起於格致家腦部有二之語，而推演之。他日必有考究得其確理者。

　　《性學舉隅》，二卷，廣學會本。美丁韙良著。先總論若干條，分上下二卷，上卷論靈才，即智之屬；下卷論心德，兼仁勇言之。第十四第十五兩章，頗及哲學家之言。說理淺顯易解，屢引我國古書以證，甚便初學。自序謂此等書強記無益，必能問能解方妙，甚是。（徐補）〔註49〕

當然，以上諸書只是根據書目所載，遺漏失記的心靈學書籍應該還有一些。

　　心靈學諸書既然能稱「學」，並被當時幾乎所有的目錄書著錄，可見關於精神和心靈的研究，在當時的社會上已經引起了一定程度的重視。況且有的書爲了擡高心靈之學的地位，還採取了貶低物質科學的策略：

　　　　格致學有二，曰格物學，曰格物後學。先者論物質，後者論一切物質外之事。……格物後學專論人事，內分辨實學、是非學、國政學、生命學、心靈學。今所著之心靈學，係推明心靈之形用，及形用之憑何理。〔註50〕

　　　　心靈學與他格致學有相關之處，知其相關，則知其要緊處。凡天然事物雖多，皆有先後之序，最下者爲金石，由金石而植物，植物而昆蟲，昆蟲而走獸，走獸而人類。至人外具身體，內有心靈。惟有心靈，所以稱爲世之主。既金石植物昆蟲走獸卑賤於人，則其學自必卑於人類之學。再者，講求人身之學，亦必卑於講求心靈之學。諸項學問皆歸心靈學爲主，猶一山從山腳起之諸路，終歸聚於山頂。……諸項格致學尊而貴者，皆靠心靈所創設。〔註51〕

　　在作者看來，「物質之學」和「心靈之學」都屬於格致學的範圍之內，都是科學。由於物質科學的研究對象「金石植物昆蟲走獸」等比人卑賤，所以物質科學也比人類之學卑賤。而心靈之學又是人類之學中最尊貴的一種，所以心靈之學遠比物質之學尊貴。且所有的物質科學都是由人的心靈所創造出

〔註49〕徐維則《東西學書錄》卷三「全體學第二十一附心靈學」。
〔註50〕美國海文著，顏永京譯《心靈學》第一章第一段「心靈學之爲何」。
〔註51〕《心靈學》第一章第二段「心靈學之緊要處」。

來，心靈之學於是成爲諸項學問之主。這裡對物質科學的貶低，對心靈學地位的無上推崇，可以說比《治心免病法》更甚。

《心靈學》出版於 1889 年，《人秉雙性說》出版於 1890 年，《知識五門》出版於 1894 年，《治心免病法》出版於 1896 年，《性學舉隅》出版於 1898 年。在十九世紀末，此類主張研究心靈、崇尚精神之學的書籍在如此集中的時間內譯出，且在引領風氣的精英知識分子圈中影響甚大〔註52〕，難怪會使得中國人認爲「二十世紀，物質之學，研究已達極點，駸駸乎歎觀止矣。邇來歐美學者，多捨物質學而趨向於精神學」〔註53〕。

《治心免病法》及「心靈學」諸書的譯介在社會上造成了較大的影響，一時引起人們對於精神之學的興趣。因此，當帶有神秘主義色彩的催眠術於二十世紀初傳入中國〔註54〕後，人們也把它當作科學來接受。甚至連梁啓超都在自己的《子墨子學說》中提起催眠術，並稱其爲「一有系統之科學」。梁氏文中對於催眠術的認識在當時很具代表性，其說稱：

彼鬼學者，文言之曰魂學，至今已漸成爲一有系統之科學，即英語所謂「哈比那邏支」Hypnologic，日本譯爲「催眠術」者。近二十年來，日益進步，其勢且將披靡天下。此學起於千七百七十三年，學者分之爲五期，其最新之一派則距今二十年前始發明也。今最盛於法國德國，次之近一二年來，日本大盛，其標名催眠學會以教授者，凡三四，著書研究此學者，數十種，大率數月之間，重版至十數。欲知其理者，可任取一種研究之。據其術，則我之靈魂，能使役他人之靈魂，我之靈魂，能被使役於他人之靈魂，能臥榻上以偵探秘密，能在數百里外受他人之暗示。其他種種動作，疇昔所指爲神通爲不可思議者，今皆有原理之可尋，可以在講筵上，黔板堊筆，傳於他人。以最簡單之語概括之，則曰明生理與心理之關係

〔註52〕 譚嗣同認爲，「格致即不知，而不可不知天文、地輿、全體、心靈之學，蓋群學群教之門徑在是矣」（《仁學界說》，《譚嗣同全集》293 頁）。梁啓超的《西學書目表》、徐維則的《東西學書錄》中，均列「心靈學」一門。孫寶瑄的《忘山廬日記》中也有讀《心靈學》的記載。

〔註53〕 蔣玉書《催眠術說略（附圖像)》，《教育雜誌》第六卷第十一號，1914 年 12月 15 日。

〔註54〕 《治心免病法》、《性學舉隅》、《人秉雙性說》中都有對催眠術的介紹；但催眠術眞正傳入中國，是在二十世紀初期，參見《大陸報》第三年第七號（1905年 5 月 28 日）之《催眠術講義》。

而已。而佛說所謂三界唯心、萬法唯識之奧理，至是乃實現而以入教科矣。〔註55〕

在梁氏筆下，鬼學、魂學、催眠術是同一事物的不同名稱。催眠術被當成是與靈魂有關的科學。催眠師對受催眠之人的控制，被看作是靈魂之間的相互役使。梁氏的觀點並非特例，孫寶瑄也說「西國所謂催眠術，能將己之思念，灌入他人腦中，又能使人自然被我所驅使。余謂我國向來所稱靈爽神通之事，每託諸仙怪，其說極虛，不謂近日西人能以至實之法行之也」〔註56〕，分明也是把催眠術當成兩個人意識之間的感應。

催眠術進入中國後，一時國人認爲發現了物質科學之外的新大陸，整個社會掀起了一股對於催眠術的熱潮。北京、上海等地成立了催眠術講習所〔註57〕，甚至進行函授教學。外國的催眠師也紛紛來到中國表演〔註58〕。

正因爲催眠術被當作科學接受，科學小說《新法螺先生譚》才可以借鑒其原理，講述催眠術的《秘密室》自然也可以加以「科學小說」的標籤。不僅如此，催眠術這一題材，還廣泛進入其他類型的小說。僅據筆者涉獵所及，標題中出現催眠術字樣的即有言情小說《電術奇談》（又名《催眠術》）〔註59〕，偵探小說《催眠術》〔註60〕，短篇小說《催眠術》〔註61〕等，其他情節中使用了催眠術手段的更所在多有。例如晚清著名小說《孽海花》中，就有這樣一個小插曲：金雯青在出使途中，看到俄國醫生畢葉當眾表演催眠術，十分好奇，請他在一個漂亮的女洋人身上試驗。結果女洋人原來是俄國虛無黨員夏麗雅。夏麗雅知道眞相後，找金雯青拼命，金雯青只得賠償一萬馬克了事。〔註62〕再如《文明賊》〔註63〕中，催眠術是那位「文明賊」慣用的一種手段。

〔註55〕 梁啓超《子墨子學說》46 頁，《飲冰室合集》第 8 冊，專集之三十七。

〔註56〕 孫寶瑄《忘山廬日記》上冊 328～329 頁。

〔註57〕 《北京催眠術講習所成立》，《教育周報》（杭州）第 3 期，1913 年 4 月 15 日。前面已經提到，上海於 1905 年成立了催眠術講習所。

〔註58〕 「催眠術試演於滬，計有三次。初則英國某君……繼則有一奧國女子……前年中溝牙醫士來滬，於珊家花園國民學會試演此術。」健男《試演催眠術》，《小說海》一卷十號，1915 年 10 月。

〔註59〕 《電術奇談》，日本菊池幽芳著，東莞方慶周譯述，我佛山人衍義，知新主人評點，《新小說》第 8 至 18 號，1903 年 10 月～1905 年 7 月。

〔註60〕 灝森《催眠術》，《小說叢報》第 7 期，1915 年 1 月。

〔註61〕 《催眠術》，鐵樵譯，《小說月報》第四卷第十二號，1914 年 3 月。

〔註62〕 曾樸《孽海花》第九回「遣長途醫生試電術，憐香伴愛妾學洋文」，小說林社，1905 年正月初版。

催眠術題材在文學中的熱門，從一個側面反映了它在社會上的流行。

關注精神之學和靈魂之學的熱潮在近代持續發展，一戰前後，西方靈學思潮全面介紹到我國。1916 年，中國精神學會成立，其宗旨是研究和介紹歐、美、日本的「精神哲學」（即後來所稱的「靈學」）；1917 年，中華書局的俞復、陸費逵與多年從事扶乩活動的楊光熙、楊璿等人成立了「上海靈學會」；1918 年，「上海靈學會」的會刊《靈學叢誌》出版。1920 年秋，北京悟善社成立，同年出版《靈學要誌》。此後，還有 1923 年在上海成立的「中國心靈學會」等。〔註64〕

根據吳光的研究，當時中國靈學派所宣傳的內容可概括為四個方面：

> 一是所謂「傳心術」、「心靈感通」，宣傳人們即使遠隔千里，也能通過「靈力」的感應變化相互交流思想，傳佈信息；二是所謂「降神術」、「催眠術」、「靈力見鬼術」，宣傳人的靈魂可以獨遊體外與神鬼打交道，在睡眠狀態能夠招神引鬼，代鬼神宣言；三是所謂「眼通」、「天眼通」，宣傳特異人有遙視、透視能力；四是所謂「靈怪現象」，宣傳人死後靈魂不滅，活人看得見靈怪出現，還可用物質手段（如所謂靈魂攝影）獲得靈魂存在的「實驗依據」等。〔註65〕

中國的靈學會組織雖然宣揚的是一些玄而又玄的東西，但卻打著科學研究的旗號，宣稱是在科學實驗的基礎上證明靈魂和神靈的存在。俞復即說：「靈學之成科學，而後科學才大告其成功。」〔註66〕正因為靈學被當作科學來宣傳，所以才會出現《消滅機》〔註67〕這樣荒謬的「科學小說」：其中

〔註63〕《文明賊》，大愛著，小說林社，丙午十二月（1907 年 1～2 月）初版。

〔註64〕關於中國靈學派的活動情況及相關主張，參見吳光《靈學·靈學會·靈學叢誌》一文，見《中國哲學》第十輯，北京：三聯書店，1983 年版，第 432～441 頁；及吳光《靈學叢誌》、《靈學要誌》二文，見《辛亥革命時期期刊介紹》第四輯，丁守和主編，北京：人民出版社，1986 年版，第 613～627 頁。吳光將靈學在中國的興盛視為「西方靈學和中國封建迷信的結合」，但筆者的觀點與之稍有不同：筆者將中國靈學思潮的興盛放在十九世紀末、二十世紀初崇尚精神之學的熱潮中看，並認為一戰對中國人的刺激成了靈學思潮興起的重要土壤。一戰中西方諸國之間的瘋狂殺戮使得中國認為西方物質文明已經破產，精神之學與靈魂之學又一次在中國得到重視。中國靈學思潮於是在一戰前後大行其時。將以上觀點詳細闡述需要另外撰文，茲不贅述。

〔註65〕吳光《靈學叢誌》，見《辛亥革命時期期刊介紹》第四輯，第 613～614 頁。

〔註66〕俞復《答吳稚暉書》，《靈學叢誌》第一卷第一期，1918 年 1 月。

〔註67〕秋山《消滅機》，《中華小說界》第三卷第一期，1916 年 1 月。

利用類似照相機的東西來攝人魂魄，顯然與靈學所謂的「靈魂攝影」有關。

《靈學叢誌》的宣傳遭到了以陳獨秀爲首的《新青年》雜誌的批判。從 1918 年 5 月四卷五號起，至次年 4 月六卷四號止，《新青年》雜誌共發表 16 篇文章，對靈學會的主張進行駁斥〔註 68〕。中國的靈學宣傳活動雖然沒有完全銷聲匿跡，但從此也輝煌不再。

從《治心免病法》及心靈學諸書，再到催眠術的傳入中國，以及西方靈學思潮的流行，「關於靈魂的學問」就是這樣逐漸被當作了科學。因此，在科學小說中，對靈魂和精神力量的誇張，也就成了可以理解的事情。

除了心靈學——催眠術——西方靈學這一線索外，晚清科學小說中出現對精神力量的重視，還有另一個非常重要的原因：二十世紀初，以哲學、心理學等爲代表的西方人文社會科學知識逐漸傳入中國。

西學東漸是一個漸進的過程，熊月之將這個歷史進程分爲四個階段，第一階段，1811～1842 年；第二階段，1843～1860 年；第三階段，1860～1900 年；第四階段，1900～1911 年。〔註 69〕據熊月之的統計，在第三階段譯書總數中，哲學社會科學書有 123 種，占總數的 22%；而到了第四階段，「社會科學比重加大。以 1902～1904 年爲例，三年共譯出文學、歷史、哲學、經濟、法學等社會科學著作 327 種，占總數的 61%……這表明中國輸入西學，已從器物技藝等物質文化爲主轉爲以思想、學術等精神文化爲主。」〔註 70〕

二十世紀初期正是晚清西學東漸中「社會科學比重加大」的重要階段。而這些社會科學知識在當時被總稱作「精神科學」：

> （科學之名）言其大端，只有兩種：曰精神科學，曰自然科學。
>
> 二者之材料，雖間有共通，而其考察點與立腳地，則判然各異，從而其配置之性質，亦劃若鴻溝矣。夫屬於精神科學者，倫理學、論理學、心理學、美學、一種之哲學、言語學、史學、國家學、社會學、理財學也。屬於自然科學者，理化學、天文學、地質學、動植礦物學也。〔註 71〕

〔註 68〕 參見吳光《靈學・靈學會・靈學叢誌》一文。

〔註 69〕 參見熊月之《西學東漸與晚清社會》，上海人民出版社，1994 年版，第 7～15 頁。

〔註 70〕 《西學東漸與晚清社會》第 14 頁。

〔註 71〕 《精神科學之性質及其效力》，徐體乾譯，《直隸教育雜誌》第 17 期，1907 年。關於「精神科學」的稱呼，並非本書獨有。在《說天然科學與精神科學》

也被稱爲「精神上諸學」:《大陸》雜誌第三年第八號的「學術欄」前言中,
把學問分爲三科:「甲科即哲學、倫理、宗教等精神上諸學,乙科即政治、法
律、經濟、教育等社會上諸學,丙科即理化、博物、工藝、生物、地學、天
文、其他自然界及物質界諸學。」。

　　不管是「精神科學」,還是「精神上諸學」,總之都是關於精神的學問,
它的引入中國,極大地挑戰了「物質界諸學」的地位。這其中尤以哲學和心
理學對於物質科學的挑戰最大。

　　1904 年出版的《譯書經眼錄》中,就已經開闢有「哲理」一門,共 34 種
書。順序是首哲理、次社會、次名學。其中關於哲學總論方面的書就有以下
五種:

　　　　《理學鈎元》三卷,廣智書局排印本。日本中江篤介著,陳鵬
　　譯。

　　　　《哲學原理》一卷,閩學會叢書洋裝本。日本井上圓了著,王
　　學來譯。哲學爲諸物理中之物理,以研察物質體源爲主,與理學之
　　以實驗聲色形質不同,爲心之學。古者其學專恃理想,或不免涉於
　　空虛,今則藉事物於理學相證,固能互相發明也。

　　　　《哲學要領》一卷,商務印書館哲學叢書本。德科培爾著,日
　　本下田次郎述,蔡元培譯。

　　　　《哲學要領》二卷,廣智書局排印本,二冊。日本井上圓了著,
　　羅伯雅譯。

　　　　《哲學新詮》一卷,商務印書館本,一冊。日本中島力著,吳
　　田焀(應爲「田吳焀」,筆者按。)譯。〔註72〕

從上述可以看出,哲學被稱作是「心之學」,而且,當時人們對於哲學的地位
認識頗高,以哲學爲「諸物理中之物理」。

　　《譯書經眼錄》中也收錄有心理學書籍,不過是在「全體學」類目下的
一個小目,共有以下四種書:

　　　　《教育心理學》一卷,商務印書館哲學叢書本。日本高島平三
　　郎撰,田吳焀譯。

　　　　一文中,亞飛認爲「科學分兩大部分,一爲精神科學,一爲天然科學」。見《進
　　　　步雜誌》第二十七冊,1914 年。
〔註72〕　《譯書經眼錄》「哲理第十八:首哲理、次社會、次名學」。

《心理學講義》，商務印書館京師大學堂講義本，日本服部宇之吉講述。全書大旨以心與神經系統相關切，而以感覺各理發明之，蓋言心理學之最新者。

《教育應用心理學》一卷，科學叢書本。日本林吾一撰，樊炳清譯。本書凡三章，以智爲感觸臭味知覺各神經之主，而推論心意情緒感覺之作用。

《心理教育學》一卷，廣智書局教育叢書，洋裝本一冊。日本久保田貞著。

從上面可以看出，心理學主要是與新教育相關，而且已經作爲教材，在學校裏進行講授，它的影響肯定不會小。〔註73〕

兩種「心之學」——哲學和心理學，在二十世紀初已經開始在社會上有了較大影響——哲學被認爲是「科學之科學」，心理學進入了大學的課堂。以哲學和心理學爲代表的「精神科學」進入中國後，影響逐漸擴大，挑戰了物質科學的權威，從而促進了人們對於精神因素的重視。精神與靈魂進入科學小說，也就成爲可以理解的事情了。

以上是從西學傳入的角度，討論了「關於靈魂的學問」在近代是怎樣被當作科學的。〔註74〕那麼，在眾多的西學知識中，爲什麼「心靈之學」和「精神科學」會被中國人接受並在社會上造成較大影響呢？這又與當時中國的社會環境及先進知識分子自身的思想取向有著怎樣的關係？

（三）心靈與新民

甲午戰後，譚嗣同、唐才常等維新志士受中國戰敗的刺激，對洋務運動進行了深刻反思。他們認識到，僅僅學習西方的軍事和科學，並不能使中國

〔註73〕心理學和前文所述的心靈學有某種程度的相關性。不同的是，心靈學更加玄虛一些，與西方靈學的聯繫更緊密一些，而心理學是一門正宗的學問。

〔註74〕需要說明的是，心靈學和催眠術在中國的流行，除了因爲它們是西方「新學」外，還因爲它們與中國知識分子舊有的儒學和佛學修養暗合。從孟子到陸、王，儒學中一直存在著某種神秘主義的體驗。例如宋明儒者通過靜坐來屛除雜念，以達到「心外無物」、「宇宙便是我心，我心便是宇宙」的境界。（參見陳來《心學傳統中的神秘主義問題》，《有無之境——王陽明哲學的精神》頁390～413，北京：人民出版社，1991年版。）錢穆曾談到，他在無錫縣立第四高等小學任教時，同事朱懷天修習自我催眠術，「其術頗似靜坐」。（錢穆《師友雜憶》頁99，北京：三聯書店，1998年版）這在一定程度上說明：催眠術在中國的被接受，和它與舊學的暗合不無關係。另外，佛家主張「三界唯心」、「萬法唯識」等，也是非常強調心靈的作用。

走向富強，原因是「新其政不新其民，新其法不新其學也」。因此，「欲新民必新學，欲新學必新心」〔註75〕。從智力和道德精神上改造民眾，是迫在眉睫的任務。梁啓超更提出了新民說，從國民改造的高度肯定了精神力量的重要。

基於以上考慮，在十九世紀末二十世紀初的時候，思想家們，尤其是以康有爲、梁啓超、譚嗣同、唐才常等爲代表的維新派思想家非常重視精神與靈魂的作用。

他們普遍誇大了心力的作用，將心看作萬事萬物之本源，認爲「心力之大者，無不可爲」〔註76〕，「人所以靈者，以心也。人力或做不到，心當無有做不到者……心之力量，雖天地不能比擬，雖天地之大可以由心成之，毀之，改造之，無不如意」〔註77〕。他們組織的保國會也以增進國民心力爲宗旨，宣稱：「今日之會，欲救亡無他法，但激厲其心力，增長其心力，念茲在茲，則爝火之微，自足以爭光日月，基於濫觴，流爲江河」〔註78〕。

他們認爲軀體是粗濁之物，只有靈魂才是人身上最精妙的部分。譚嗣同甚至希望有一天人們可以進化到沒有身體，只有靈魂的地步。他認爲根據進化的原理，將來「必別生種人，純用智，不用力，純有靈魂，不有體魄。猶太古初生，先有蠢物，後有靈物；物既日趨於靈，然後集眾靈物之靈而爲人。今人靈於古人，人既日趨於靈，亦必集眾靈人之靈，而化爲純用智純用靈魂之人。可以住水，可以住火，可以住風，可以住空氣，可以飛行往來於諸星諸日」〔註79〕。因此，徐念慈《新法螺先生譚》中，主人公純粹依靠靈魂遨遊星際的狂想，簡直就是譚嗣同以上主張的再現。

晚清對靈魂力量的重視，很大程度上是出於啓蒙民眾的考慮。梁啓超說：「蓋有鬼神則有靈魂，有靈魂則身死而有其不死者存，有靈魂則生之時暫而不生之時長，生之時幻而不生之時眞。夫然後視生命不甚足愛惜，而游俠犯難之風乃盛。」〔註80〕譚嗣同也說：

〔註75〕唐才常《尊新》，唐才常著，鄭大華、任菁編《砭舊微言——唐才常、宋恕集》，瀋陽：遼寧人民出版社，1994年版，第18頁。
〔註76〕譚嗣同《仁學》，《譚嗣同全集》（增訂本），頁357。
〔註77〕譚嗣同《上歐陽中鵠書·十》，《譚嗣同全集》（增訂本），頁460。
〔註78〕康有爲《京師保國會第一集演說》，康有爲著、湯志鈞編《康有爲政論集》上冊，北京：中華書局，1981年版，第241頁。
〔註79〕譚嗣同《仁學》，《譚嗣同全集》（增訂本），第366～367頁。
〔註80〕梁啓超《子墨子學說》，《飲冰室合集》專集之三十七，第43頁。

> 今使靈魂之說明，雖至闇者猶知死後有莫大之事，及無窮之苦
> 樂，必不於生前之暫苦暫樂而生貪著厭離之想。知天堂地獄，森列
> 於心目，必不敢欺飾放縱，將日遷善以自兢惕。知身爲不死之物，
> 雖殺之亦不死，則成仁成義，必無坦怖於其衷。且此生未及竟者，
> 來生固可以補之，復何所憚而不矕矕。〔註81〕

即靈魂不死，則民眾在作壞事的時候會有所忌憚，因爲懼怕來生遭報應；靈
魂不死，則民眾會產生勇毅之氣，不惜殺身成仁，因爲死的是軀殼，而靈魂
永遠長存。因此，梁啓超才指出，「有鬼無鬼之論辯，與民德之強弱升降，有
大關係焉」〔註82〕。這與孔夫子的「祭如在，祭神如神在」堪稱異曲同工。

　　對於心力與靈魂的強調進入小說，我們便可以看到，在徐念慈的《新法
螺先生譚》中，「新法螺先生」將靈魂之身煉成爲一種不可思議之發光原動力，
能夠作爲發光體，普照世界。照耀到中國的時候，「新法螺先生」本想利用靈
魂的光芒驚醒國民的迷夢，結果，國民酣睡依舊。他憤怒之極，想將靈魂之
身變爲火球，燒了中國，但因靈魂缺乏熱力而作罷。新法螺先生的軀體在地
底漫遊的時候，見到炎黃始祖，始祖正爲子孫的不肖心痛。於是他又想將靈
魂之身，煉成一不可思議之發聲器，以喚醒同胞的癡夢。後來，「腦電」的發
明，更使得精神的力量大到了可以作爲萬能能源的地步。這種對於靈魂與精
神力量的極度肯定，其實是出於同維新派一致的啓蒙意識。

　　由上可見，「新法螺先生」在漫遊的時候，時時刻刻想到的是怎樣才能救
中國。所以，《新法螺先生譚》中的靈魂漫遊在某種程度上，其實可以看作是
先進知識分子爲救中國而上下求索的隱喻。可是，一個人的覺醒畢竟力量有
限，只有喚起酣睡中的民眾，從精神上改造他們，中國的未來才有希望。那
麼，對於國民的精神改造應該採取什麼方式呢？在這點上，近代的科學小說
提供了多種多樣的設想。

　　陸士諤的《新中國》中，「我」在宣統二年（1910）大年初一入夢，來到
立憲四十年後（宣統四十三年，即1951年）之中國。此時的中國已經由積弱
變得強盛，到處是一派生氣勃勃的景象。到了南洋公學，「我」發現該校興旺
非常，細問才知該校的蘇漢民發明了兩種驚人的學問，其一是「醫心藥」：

> 那醫心藥，專治心疾的。心邪的人，能夠治之使歸正；心死的

〔註81〕譚嗣同《仁學》，《譚嗣同全集》（增訂本），第309頁。
〔註82〕梁啓超《子墨子學說》，《飲冰室合集》第8卷，專集之三十七，第43頁。

　　　人，能夠治之使復活；心黑的人，能夠治之使變赤。亦能使無良心

　　　者，變成好良心；疑心變成決心；怯心變成勇心；刻毒心變成仁厚

　　　心，嫉妒心變成好勝心。〔註83〕

原來是利用藥物來除掉中國國民的種種劣根性。此藥的效果非常驚人：「自從
醫心藥發明以來，國勢民風，頃刻都轉變過來」〔註84〕，我國「病夫國」的
外號不但一掃而空，而且還吸引得歐美、日本紛紛派遣學生到我國留學。藥
物固然神奇，心的力量也煞是強大——心被改造好了，就會帶來國富民強的
繁榮景象。在這裡，我們可以看到晚清心力論的影子。

　　蘇漢民的另一重大發明是「催醒術」：

　　　那催醒術是專治沉睡不醒病的。有等人，心尚完好，不過，

　　　迷迷糊糊，終日天昏地黑，日出不知東，月沉不知西。那便是沉

　　　睡不醒病。只要用催醒術一催，就會醒悟過來，可以無需服藥。

　　〔註85〕

　　「催醒術」自然是與催眠術相對而言的。這一點，在陳景韓的短篇小說
《催醒術》中表現得更為明顯。作者開宗明義即稱說：

　　　世傳催眠術，我談催醒術。催眠術科學所許也，催醒術亦科學

　　　所許也。催眠術為心理上一種之作用，催醒術亦為心理上一種之作

　　　用。中國人之能眠也久矣，復安用催？所宜催者醒耳，作催醒術。

　　〔註86〕

所謂的「催醒術」，並非實際存在，只是字面意義上催眠術的反義詞。作者認
為，中國人沉睡已久，不必催眠，最需要的倒是被催醒。如此反面著筆，寄
託了作家對中國國民不覺醒的焦灼和憤慨之情。

　　陳景韓也描繪了被催醒後的中國：

　　　伏者，起立者，蕭走者，疾言者，清以明事者，強以有力。滿

　　　途之人，一時若飲劇藥，若觸電氣，若有人各於其體魄中與之精神

〔註83〕陸士諤《新中國》第四回「催醒術睡獅醒迷夢，醫心藥病國起沉疴」，《中國
　　　　近代小說大系‧中國進化小史、刺客談、艮嶽烽等》頁479，南昌：百花洲文
　　　　藝出版社，1996年版。

〔註84〕陸士諤《新中國》第四回，《中國近代小說大系‧中國進化小史、刺客談、艮
　　　　嶽烽等》頁480。

〔註85〕陸士諤《新中國》第四回，《中國近代小說大系‧中國進化小史、刺客談、艮
　　　　嶽烽等》頁480。

〔註86〕冷《催醒術》，《小說時報》第1期，1909年10月14日出版。

　　　力量若干，而使之頓然一振者。〔註87〕

被催醒後，民眾皆從昏昏噩噩變爲意氣風發。可見，所謂的「催醒術」，其實是對國民精神面貌的重塑。

　　前面提到過，催眠術傳入中國後，被當成是與靈魂有關的科學，所以，所謂的「催醒術」，才可以被利用爲改造國魂的隱喻。「靈魂之學」就是這樣與啓蒙主題聯結起來。

　　近代的科學小說中，也有作品將國民的精神與具體器官（「腦」）聯繫在一起，幻想通過對具體器官的改造來達到重造國民的目的。徐念慈的《新法螺先生譚》中即提到「換腦」。「新法螺先生」漫遊至水星，見彼處將一龍鍾老人的腦汁取出，換入新鮮的腦汁，結果，老翁立刻被改造成一雄壯少年〔註88〕。這裡的老翁，某種程度上是喻指老大國民。老翁的返老還童，其實寄寓著作者對國民再造的希望。

　　前面提到過，明朝晚期就已傳入中國的「腦主神明說」，到晚清才發生較大影響。「心主神明說」作爲習慣說法，也仍在一定範圍內沿用。所以，不管換腦還是治心，歸結爲一點，其實都是對國民靈魂和精神的改造。

　　無所不能的靈魂、醫心藥、催醒術、換腦，以上的所有幻想都指向同樣的啓蒙目的。但是，隨著「小說界革命」的落潮，小說的娛樂功能佔了上風。就連要「導中國人群以行」的科學小說也褪去了啓蒙的光環，變成了對奇事的渲染。同樣在作品中運用了催眠術題材，發表於民國之後的卓呆的《秘密室》，已經不再有《新法螺先生譚》中焦灼的熱情。還有些作品，例如秋山的《消滅機》更是墮落爲僞科學。失掉了啓蒙的熱情，又失去了知識的基礎，科學小說在近代的衰落已經是不可扭轉的趨勢。

　　綜上所述，在十九世紀末、二十世紀初，一批提倡心靈之學的西學著作被介紹入中國，先進知識分子出於新民的考慮，也對之表示了歡迎。在這種情況下，關於靈魂與精神的「學問」被當作科學接受，此類關於靈魂和精神力量的題材於是進入科學小說中，使得近代科學小說呈現出一種複雜的面貌。

第三節　「科學萬能」與「科學無能」

　　小說林社的科學小說中，不僅「物質科學」和「精神科學」的內容並存，

〔註87〕冷《催醒術》。
〔註88〕《新法螺先生譚》22～23 頁。

對科學力量的大力歌頌也與對科學以及科學家力量的反思甚至懷疑並存。

關於對待科學的態度，《新紀元》是極端地崇拜，而《新法螺先生譚》卻表示出對科學力量的謹慎的懷疑。翻譯小說《電冠》和《黑行星》中，也對科學力量持悲觀和警惕的態度。

《新紀元》的作者碧荷館主人在小說開頭說道，「因為未來世界中一定要發達到極點的乃是科學，所以就借這科學，做了這部小說的材料」，他寫這部小說是為了展示給讀者看，「將來到了二十世紀的最後日期，科學的發達究竟到了什麼地步，那時候的世界，究竟變成了一個什麼世界」。他認為，「世界的進化，與科學的發達，為同一之比例」〔註 89〕。在作者的筆下，決定戰爭勝敗的唯一因素是武器。「十九世紀以後的戰爭，不是鬥力，全是鬥智。只要有新奇的戰具，勝敵可以操券。……今日科學家造出的各種攻戰器具，與古時小說上所言的法寶一般，有法寶的便勝，沒有法寶的便敗。」〔註 90〕他筆下的戰爭，簡直成了黃白兩人種的鬥法寶（戰具）大會。白種人有潛水雷艇，黃種人即以行輪保險機、海戰知覺器和洋面探險器來抗衡。有了這三種法寶後，防禦是足夠了，但還是不能取勝，黃種人於是又發明了洞九淵鏡，終於靠轟炸白種人的兩艘鐵甲戰艦，給了白種人以巨大打擊。可見，作者只注意到了戰爭中武器的使用，而戰爭的其他方面，比如天時、地利、人和等統統沒有涉及，複雜的戰爭變成了單純的科學器具比拼。這裡體現出的科學萬能觀，在晚清其他科學小說中也屢屢可見，比如《新野叟曝言》〔註 91〕中，文礽依靠科學知識，使得全國人民安居樂業，還征服了歐洲，並在木星上開闢了殖民地。類似於《新紀元》和《新野叟曝言》這種過分樂觀的科學小說還很多，大多沉溺於科技力量改造舊中國的美好遐想中，這裡就不一一列舉了。

晚清科學小說還有一些異數，作者寫到了科學的有限性和負面作用。《新法螺先生譚》就是一個例子。在《新法螺先生譚》中，雖然有很多關於科學知識的內容，作者的寫作緣起卻是對物質科學的質疑。新法螺先生漫遊天上地下，靠的是靈魂出竅，而不是科學。他上下求索的結果是發明了「腦電」，這簡直是萬能能源：「發光可代燈燭，而煤油、洋燭、電燈、煤氣公司立廢；傳聲可達遠近，而電信、電話諸公司即停；生熱可代煤薪，而煤礦林

〔註89〕　《新紀元》第一回「鑒既往用黃帝紀年，慮將來開白人議會」，碧荷館主人著，小說林社，1908 年版。

〔註90〕　《新紀元》第八回「聞敗報列強再會議，仿成規中國大征兵」。

〔註91〕　《新野叟曝言》，陸士諤著，1909 年上海小說進步社初版。

產諸公司無用；居一室可晤談，而鐵路輪船橋梁道路，往來絕少。」腦電普及的結果是造成了地球上三分之一的人失業，結果「笑者、罵者、斗者、恨者、訕者，此風一起，殆一星期，群起而攻者，初僅背後之譏彈，繼爲當面之指斥，終且老拳之奉贈。余之此處非安樂土，不得不暫避其風，潛蹤歸里」。因此，曾經「儼然以地球古今唯一之大教育家自許」的新法螺先生，也不得不感歎「世事無常、人心叵測」，「彼等沐余之恩，轉瞬即忘」。其實，如果讓一個西方科學小說作家來寫《新法螺先生譚》的結尾，他可能會因爲科學的廣泛應用而導致人們失業，感歎科學對人的擠壓，科學與人的關係的緊張等嚴肅話題。但徐念慈在小說中更多的是從道德方面，指斥民衆忘恩負義。高陽不才子的《電世界》也有類似的情況，電王利用他的偉大發明，使得世界各處富足，結果國民漸漸講究吃喝嫖賭起來，於是電王在各地建立學校，「宗旨須注意德育」，學生「須把修身倫理大義都爛熟了」。〔註 92〕但教育並不能消除世界上所有的惡，電王在公園裏遭到反對黨暗殺，幸虧躲得快，幸免於難。電王後來開闢了海底殖民地，但新殖民地竟然成了淫盜之窟。電王因此大傷感情，他覺得「這世界的人類道德心不能圓滿，或者他世界的人類竟能圓滿，亦未可知」〔註 93〕，於是乘上空氣電球，去太空中尋覓新世界。我們可以看出，在《新法螺先生譚》和《電世界》中，科學並不是萬能的，其中的發明家都因爲國民的道德問題而傷心離去，他們曾經的輝煌事業只有草草結束。

　　以上二書都是從反面來談科學因爲國民道德低下而失去神奇能力的例子，吳趼人的《新石頭記》則是一個正面的例子。在《新石頭記》裏面，寶玉離開污濁醜惡的舊世界，來到東方文明領導的「文明境界」。文明境界是一個科技昌明的社會，寶玉見識了「測性質境」、「助聽筒」、「空中飛車」、「海底獵艇」等先進設備，眞是目不暇接。但更妙的是，在科學發達之外，「文明境界」也同樣重視道德修養：這裡以十六個字作爲行政區域符號，中央是「禮、樂、文、章」，東方是「仁、義、禮、智」，南方是「友、慈、恭、信」，北方是「忠、孝、廉、節」，象徵了中國的傳統倫理和美德。

　　不管是從正面討論道德和科學並行的理想世界也好，還是從反面批評低

〔註92〕　《電世界》第七回「新學堂光風霽月，良教授對影聞聲」，高陽氏不才子（許指嚴）著，載《小說時報》第 1 號，1909 年。

〔註93〕　《電世界》第十六回「累卵東洋急救同種國，乘風歸去進去太白星」。

下的道德使得科學變得無能也好，以上科學小說之所以跳出了科學萬能的窠臼，是因為其中加入了道德因素以及社會批判色彩。並非是作者認識到了西方物質文明和科學的局限性。隨著十九世紀末大工業乃至後工業時代的到來，人們意識到科學技術在推動人類文明前進的過程中具有相當的局限性和負面作用。於是，在西方，對科技進行正面、積極展望的科技烏托邦遭到強烈質疑和全面否定，科學小說轉入對科學前景的悲觀預測，以及對於科學所導致的對人的擠壓和人類生存環境的惡化的後果的批判。但顯然，晚清時期的原創科學小說在討論到物質科學力量有限性的問題上時，還只是在社會批判上打轉，而沒有深刻到對於科學本身的批判。

但是，晚清也有一些翻譯的科學小說，它的原作是屬於十九世紀末、二十世紀初西方對於科學反思的潮流的。這些小說體現出對於科學發展的悲觀前景和對於科學家罪惡的認識，但筆者認為，這些作品在當時未必能得到準確的理解。

陳鴻璧翻譯的《電冠》中，就提到了科學家作惡。天才科學家高德士創造出能夠探測人的思維的機器，該機器能夠將縹緲的思維變成具體的影像放映出來，這是非常了不起的發明，但也是非常危險的發明。這種機器將使得人們沒有隱私，所有的心事無所遁形，可以變成對人的隱私和自由的侵犯。而且，高德士也沒有將這個發明用到正路上。他囚禁情敵葉樂士，並用他試驗這種新發明的機器。最後，高德士也是因為這個機器而死亡。天才的科學家作惡，天才的發明卻既害人又害己。怪不得小說中的人物感歎高德士：「道德上之問題，遠駕於智術上，殊為其人惋惜。」（第二十五章）徐念慈在回末的評論中，並沒有考慮到科學的負面作用，他更關注的是精神科學的發明。

《黑行星》中，那種關於科學力量的有限性的深深絕望，也未必能被物質科學遠不發達的中國的譯者和讀者所理解。《黑行星》的作者是美國天文學家西蒙紐加武（SIMON NEWCOMB），原名 *THE END OF THE WORLD*；黑岩淚香於 1904 年譯成日文，名《暗黑星》，由日本朝報社出版。徐念慈正是從黑岩淚香的譯本轉譯成中文。在未來的某個時間，全地球各方面都已經發達到極點。科學的進步，已到了極致，甚至和火星球也建立了通信聯繫。所有的國家和平相處，再也沒有戰爭。全世界採用同一種語言，甚至還統一了服飾。就在這種死水一樣的沉靜中，突然從火星傳來信息，說有一顆小行星（即題目中的「黑行星」），即將與太陽相撞。理學研究會會長理學大博士認識到

這一相撞必將帶來災難性的後果——太陽會因為相撞而燃燒，發出比以前強烈得多的光和熱，地球上的萬事萬物即將因此滅絕。他覺得人類逃脫不過此劫，又不想給全世界帶來恐慌，於是一方面暗中囑咐會員們攜帶家眷躲到研究會的地下，希望能避過這一劫難；一方面又對社會輕描淡寫地宣告：太陽會因為這相撞而增加熱度，要注意把易燃品和容易變壞的衣服食品放到地窖中。即使這一相比事實溫和得多的預言，也遭到了哲學家的抨擊。哲學家根據推理，認為博士在危言聳聽，太陽絕不會增加熱度。博士接到許多質問的信函後，也改口說自己的觀點沒有確切的根據。黑行星與太陽相撞的這一天終於來了。地球上的人類和動植物果真如博士所預言的那樣全部滅絕。躲在理學研究會地下的人們幸免於難，成為地球上最後的人種。博士和同伴們來到地面上，發現太陽已經燃燒殆盡，地球上喪失了生命繼續的一切可能，他們只有等死而已。博士發表了自己最後的演講：

> 我早料到進化的盡頭，不論幾百萬年，必有一日，那統御星球宰制生命的太陽，老廢枯死的日子，任憑你有什麼的非常手段，決不能設法回覆他的精力。這個地球設有生計的以前，先要造成了太陽，方可想法。你想有這種能力麼，我卻萬想不到黑行星衝突之後，便成這種樣子。
>
> 但是要人種的大革新，大改良，另成神妙不測的官能，不經這一劫，也是決不能成的，所不知的造成的日子，再要許多年月呢。
>
> 新地球新秩序化育萬物出來，像吾這樣的智識，定然要算最劣等的動物了，吾到今日，才知道前日思想的可笑。
>
> 我們的生命既優於前代的生命，則次代的生命，不遠優於我們麼。這個道理定然不差，再去□他作什麼。〔註94〕

這個故事有著豐富的含義。一方面，我們從博士最後的演講中，可以得出這樣的結論，大滅絕就會有大革新；要想有大革新，就要經過大滅絕。地球雖然有滅絕的一天，但滅絕後，還會造成新地球、新秩序，會化育出新的萬物。次代的生命，也一定會優於我們。這實際上是進化論的觀點，故對生命永遠不應喪失希望。

其次，我們從整個故事中也可以看出，作者對於科學和科學家的不信任。

〔註94〕《黑行星》，美國西蒙紐加武原著，東海覺我（徐念慈）譯，小說林社，1905年版，頁41。最後一段中，「□」處為原文缺字。

世界總有一天會因爲不可抗力而滅絕，科學即使已經發達到了極點，也對此無能爲力。黑岩淚香的譯本後原有一篇跋語《如何讀暗黑星》，現將其中一段翻譯如下：

> 世上有被稱爲理學者的人。他們盡力探求物質的力量，認爲人類的知識一切皆在此之中。他們以其擁有的理學知識輕視理學之外的所有人，《暗黑星》告訴我們的無非是「理學者，勿將理學視爲解決人間萬事之知識」。

徐念慈肯定讀到過這一段話，裏面關於物質科學並非萬能的想法毫無疑問地引起了他的深切共鳴。前面說過，徐念慈的《新法螺先生譚》曾經表現出對於物質科學的懷疑和對於精神科學的興趣。《新法螺先生譚》一書出版於乙巳六月，而一個月後，《黑行星》出版，這裏面無疑有著思想的內在脈絡和前後繼承。《黑行星》裏面表現出的那種對於世界命運和科學力量的濃重悲觀，徐念慈未必能理解，他可能看到的是「物質科學並不是萬能的」，而不是「物質科學有一天將會一無所用」。

押川春浪於 1903 年寫作了《千年後之世界》，該書「以物質文明愈進化，則精神文明愈退化爲主」，敘述日本駐巴黎公使館外交官春部春男在劇院遇到法國著名理學博士瑞爾培，博士說，千年後的世界不會達到文明頂點，反而會因爲物質文明過分發達而衰落。春男憤而向博士提出決鬥。在決鬥場上，兩人和解並成爲好友。三年後，春男應博士之邀，來到印度起脈克大金山。兩人無意間發現一個很深的古洞，設法到達洞底後，發現原來底下存在著一個理想世界。在這個世界中，沒有時間，沒有男女差別，人們不需要呼吸，不需進食，也能維持生存。地底女王告訴他們，他們已經來到了千年後的世界。一日，女王帶二人去看地上世界，發現昔日繁華的城市已經變爲廢墟，人與野獸幾乎沒有分別。女王告訴他們，地上世界經過了物質文明的青年、成年和全盛時代後，精神文明並未相應地得到發展，人類社會戰爭四起，墮落到了極點。公元二千四百零五年間，正當人類社會達於墮落極點之時，一顆大彗星侵入太陽和地球間的軌道，掠走了月球，地球因此改軌，與太陽極爲接近。地球上酷熱無比，人人裸體相對，風俗更加毀壞。在二人看過地上世界不久，大地震、大暴風、大火災、大海嘯、大雷鳴等紛紛襲擊地球，地球又與一顆大彗星相撞，地面所有山河生物均毀滅了，世界末日到來。此書 1904 年被介紹入中國，由包天笑翻譯，小說林社代售，徐念慈肯定注意到此書，此書也許影響到《新法螺先生譚》中對於物質科學的認識。

在小說林社的科學小說中，對於科學力量和對於科學無能的質疑並存，而且在對於科學力量質疑的作品中，呈現出非常複雜的面貌：翻譯的科學小說本身屬於十九世紀末、二十世紀初年對於物質文明和科學技術進行反思的潮流，但中國的譯者和讀者們未必能深刻理解；而原創的此類表現科學力量有限性的作品中，影響科學力量發揮的主要是道德因素，這裡面固然有社會批判的因素，也與日本及晚清當時的思想界潮流有關係。

追究晚清科學小說中出現對科學反思作品的原因，不能不首先指出日本的影響。明治三十年代前後（1897～1907），德國唯意志論哲學尤其是尼采哲學在日本非常流行。尼采思想的一個重要方面是對西方近代文明的失望和批判，他「激烈地反抗批判十九世紀文明的國家主義、科學萬能主義」，他「批判十九世紀末期高度成熟的物質文明所衍生出來的實利主義、物質主義和平等主義，呼籲強健被物質擠壓而衰弱的主體精神世界和理想世界」，他被認為是「科學熱旺盛的今日德國哲學中一大放異彩的天外福音」。尼采對於物質文明的批評，在日本國內影響很大。1906 年，曾留學德國，積極研究並引進介紹德國主觀論哲學的井上哲次郎，就與人共同創辦了《東亞之光》雜誌，試圖矯正當時日本上下彌漫的偏重物質文明的風氣。在日本留學的魯迅也深受影響，他寫了《科學史教篇》、《文化偏至論》等文章，「掊物質而張靈明」，對科學主義進行猛烈抨擊。

受日本的影響，晚清時期也開始出現有關於「精神文明」比物質文明更重要的討論。《論文明第一要素及中國不能文明之原因》一文中談到：

> 由是言之，文明者，剖之可以為二，一則有形之文明，其意義為物質之進步與政治社會之完美；一則無形之文明，其意義為國民德性之發達。而有形文明實以無形文明為基礎。……夫有信義廉恥禮讓等美德以為之基，而有形之文明，未有不唾手可得也。反之，其國民無形之文明不發達，而於物質制度、文物等略有可觀，一旦與優於己之國遇……是曰信義薄而又廉恥道喪，禮讓無存，愛祖國不如其愛身家，重公德不如其重私利，以客氣任事，以粉飾沽名，不惟不得人之所長，並己所長者，亦失之。其結果遂為優者所制，而永永沉淪於奴隸圈中，萬劫不復。蓋無無形文明之基礎，而能鑄有形文明之樓閣者，未之睹也。嗚呼，有無形之文明，而無有形之文明，則形雖不文明，其實尚不失為文明。

若徒有有形之文明，而無無形之文明，則皮之不存，毛將焉附。
是故以有形致無形，其事逆而難；以無形致有形，其事順而易。……
物質之文明必起於制度文物完美之後，而制度文物之完美，又必
起於精神發達之有素。〔註95〕

發表此文的《大陸報》本是由留日學生所辦，因此，其思考的方向與正在日
本湧動的思潮相當接近，也體現了晚清思想界的敏銳。很多人認爲對於物質
科學和西方文明的質疑是在一戰後開始的，但實際上，二十世紀初葉就已經
初露端倪。後來的科學與玄學之爭，也在二十世紀初埋下了種子。

　　綜上，小説林社的科學小説中，既有對於物質科學神奇美妙力量的鋪
敍，也有對於精神和靈魂的讚歌；既有對科學萬能的信仰，也有對於科學力
量有限性的認知。同一個出版社的出版物出現這些相互牴牾的現象，一方面
我們可以看出該社的出版行爲並不是計劃性很強，更多的可能是依靠來稿；
另一方面，我們也能看出科學小説在最初進入中國時，與中國人的期待視野
和社會現實的種種衝突，而這些，正是現代化過程必須要經歷的。

〔註95〕《大陸報》1904 年第 2 期。

結　語

一、小說林社的成就與新小說的商業化

　　小說林社是晚清第一家專門出版小說的書局，在 1904～1908 這短短的四年間，該社共出版小說 123 種（其中包括 104 種翻譯小說）。

　　小說林社出版了曾樸的《孽海花》、徐念慈《新法螺先生譚》等著名的創作小說，但該社最主要的成就在翻譯小說方面。小說林社憑藉大量的翻譯小說，引起了國人對於西方小說以及新小說的興趣，刺激了商務印書館的小說叢書乃至林譯小說的大規模刊行，促進了新小說出版業的繁榮，從而爲五四時期人們進一步接受西方小說奠定了心理基礎。

　　另外，小說林社培植了爲數不少的名作（譯）者。周作人的幾種早期作品是在小說林社出版，丁祖蔭對於周作人的培植，無疑對周作人日後的文學生涯有所影響，周作人後來專門寫了一篇《丁初我》來懷念他〔註1〕。魯迅的翻譯小說《造人術》在《女子世界》上刊出。李涵秋早期的幾乎所有作品都是在小說林社出版。包天笑、徐卓呆、俞天憤、蔣景緘、王蘊章等也在小說林社發表了一種或數種作品。除包天笑外，這些作者在當時大多屬於名不見經傳的新人，小說林社爲他們提供了發佈作品的平臺。

　　該社最爲今人稱道的是其理論成就。在當時一片「小說新民」的聲浪中，《小說林》雜誌同人提出「小說者，文學之傾於美的方面之一種也」〔註2〕，確定了小說的審美本質與獨立性；並客觀評判小說與社會的關係，對糾正小

〔註1〕 摩西《〈小說林〉發刊詞》，《小說林》第一期，1907 年 2～3 月。
〔註2〕 載 1951 年 3 月 3 日《亦報》，署名「鶴生」。

說過分政治化的時論有一定的反撥作用。

然而，理論和實踐之間有著巨大鴻溝，小說林社出版的小說中，多是通俗小說，鮮有經典之作。據曾樸回憶道，其中的一大原因是「爲了各人的意見，推銷的關係」。〔註3〕

學界一般認爲，一九○○年代是「小說界革命」時期，此時期，新小說迅速崛起並繁榮，但很少有人提及，新小說的商業化，亦自此時期開始。

從小說林社的小說出版實踐看，最受市場歡迎的偵探小說和言情小說要占小說總量的近 70%。小說林社更在 1906 年 7～8 月推出了「小本小說」叢書，價廉易攜，以消遣娛樂爲宗旨，其實就是一種商業銷售手段。而從小說林社出版物的實際銷量來看，也是偵探小說和言情小說銷量最好：據徐念慈統計，小說林社的小說銷售情況是「記偵探者最佳，約十之七八；記豔情者次之，約十之五六；記社會態度，記滑稽事實者又次之，約十之三四；而專寫軍事、冒險、科學、立志諸書爲最下，十僅得一二也。〔註4〕

這並非是小說林社獨有的現象，而是其時新小說出版界普遍現象。如商務印書館在 1907 年推出的「袖珍小說」叢書，也注重市場行銷，提倡消閒：「專選各國短篇小說輯譯成書，卷軼短小，最便舟車消閒之用」〔註5〕。

綜上，筆者認爲，新小說的商業化，早在一九○○年代就開始了。而新小說的商業化，與民營出版業的商業化有很大關係。新小說自產生起，就依託雜誌社、書局存在，而雜誌社、書局的生存，不可避免地要受市場的限制。

近代出版業在十九世紀末期以前，曾經以傳教士書局和官辦書局爲主；到了光緒三十年（1904）左右，中國出版業的重心便由教會書局和官辦書局移到民營出版業。〔註6〕（1904 年，正是小說林社加入出版市場的時候。）

民營出版業要維持生存，必須適應市場需要。首先，民營書局維持正常運轉需要資金。徐念慈在《餘之小說觀》中談到出版小說成本，計有「版權公價之貴，印刷品物之費，食用房價一切開支之巨，編譯、印刷、裝訂、發行，經歷歲月之久」〔註7〕；還有廣告費的支出：小說林社每當新書出版，就在《時報》上登出廣告，且大多在頭版，這項花費不小。再如發行成本：晚

〔註3〕病夫《復胡適的信》，載《眞美善》第 1 卷第 12 號，1928 年 4 月 16 日。
〔註4〕覺我《餘之小說觀》，《小說林》第九期，1908 年 2～3 月。
〔註5〕周振鶴編：《晚清營業書目》第 375 頁，上海：上海書店出版社 2005 年版。
〔註6〕參見王建輝《出版與近代文明》，開封：河南大學出版社 2006 年版，233 頁。
〔註7〕覺我《餘之小說觀》，《小說林》第九期，1908 年 2～3 月。

清的時候，中小型出版社都是先把書批發給分銷商，分銷商賣出書後，再行付費。這樣就會導致分銷商欠費不還的問題：本埠經銷商欠費的話，尚好追討；如外埠經銷商欠費，去追討的成本太高，也許還抵不上交通費，這樣勢必造成許多呆帳壞賬。其次，晚清時，民營書局一般是股份制的，要分給股東紅利，還需給職員發工資，因此，對於當時的民營書局來說，只有面向市場，賺有利潤，才能維持正常運轉。太理想化了的話，維持不了多久，很快就會倒閉。第三，民營書局還要經常面對同行的競爭。具體到小說林社，在1907～1908 年的時候，商務印書館在新小說出版業大力擴張，擠佔了小說林社的生存空間，這是導致該社倒閉的原因之一。

新小說的商業化有利也有弊：從弊端來說，新小說的商業化，導致了小說界革命的不徹底；而且晚清新小說缺乏經典之作，大量平庸乃至低劣之作充斥出版市場。

從益處來說，民營書局緊密關注讀者趣味和市場需求，來進行商業運作，使得新小說迅速普及並取得重要地位。如果市面上都是梁啓超等人提倡的政治小說，那麼，讀者必將因為缺乏興趣而轉向舊小說，這樣新小說也就無法生存下去。因此，民營書局對新小說的商業化運作，在很大程度上，促進了新小說的普及。而新小說（特別是翻譯小說）的普及，又為五四一代接受西方小說提供了心理準備。所以說，新小說商業化與「小說界革命」不是一個非此即彼的行為，新小說商業化的同時，一些有良知的出版者，如小說林社，也在盡自己的最大努力來利用小說教育民眾。

二、眞美善書店——曾樸未竟志願的部分實現

1927 年 11 月，曾樸和兒子曾虛白在上海創立眞美善書店。該社發行雜誌《眞美善》。在發刊詞《編者的一點小意見》中，曾樸闡發了眞、美、善三字的意義：

> 「眞美善」三個字，是很廣泛的名辭，差不多有許多學科可以適用。但是我選這三個字來做我雜誌的名，是專一取做文學的標準。
>
> 那麼在文學上究竟什麼叫做眞？就是文學的體質。體質是什麼東西？就是文學裏一個作品，所以形成的事實或情緒。作者把自己選采的事實或情緒，不問是現實的，是想像的，描寫得來恰如分際，不模倣，不矯飾，不擴大，如實地寫出來，叫讀者同化在他想像的

境界裏，忘了是文字的表現，這就是眞。

那麼什麼叫做美？就是文學的組織。組織是什麼東西？就是一個作品裏全體的佈局和章法句法字法。作者把這些通盤籌計了，拿技巧的方法來排列配合得整齊緊湊，仿佛拿著許多笨重的鍋爐機輪做成一件靈活的機器，合著許多死的皮肉筋骨質料併成一個活的人，自然地顯現出精神，興趣，色彩和印感，能激動讀者的心，怡悅讀者的目，就丟了書本，影像上還留著醰醰餘味，這就是美。

那麼什麼叫做善？就是文學的目的。目的是什麼東西？就是一個作品的原動力，就是作品的主旨，也就是牠的作用。凡作品的產生，沒有無因而至的，沒有無病而呻的，或爲傳宣學說，或爲解決問題，或爲發抒情感，或爲糾正繆誤，形形色色，萬有不同，但綜合著說，總希望作品發生作用；不論政治上、社會上、道德上、學問上，發生變動的影響，這纔算達到文學作品最高的目的。所以文學作品的目的，是希望未來的，不是苟安現在的，是改進的，不是保守的，是試驗品，不是成績品，是冒險的，不是安分的。總而言之，不超求眞理的界線，這就是善。〔註8〕

《小說林》同人曾提出「小說者，文學之傾於美的方面之一種也」，但文學又離不開眞和善，「遠乎眞者，其文學必頗」，「反乎善者，其文學必藝」〔註9〕。從小說林到眞美善，隔了近二十年的時間，曾樸對於文學本質的認識，雖然有所深化，但仍然一以貫之。

在眞美善時期，曾樸繼續努力，追求他在小說林社時期對世界文學做個「有統系的譯述」的夢。

曾樸在覆讀者信中，自述「我對於譯事，卻抱著個狂妄的志願：不願把自己崇拜的幾個作家，看了他們的作品，隨手抓來就譯，想做一番有統系的繙譯工作」，「我想從希臘羅馬起直到如今，各時代裏，各主義下，各個作家的主要作品，凡足以表現時代傾向和文學過程，有必須介紹價值的，我們來博考愼選，彙編一個總目，詳載篇題，意義，並加說明（出版處所和價目亦可附入），假定叫作《文學譯事準繩》，定翻譯的標準，備文壇的採擇。我們

〔註8〕病夫《編者的一點小意見》，《眞美善》創刊號，1927 年 11 月 1 日。
〔註9〕黃人《中國文學史》第一編「總論」，「文學之目的」小標題下。轉引自黃人著、江慶柏與曹培根整理《黃人集》，上海：上海文化出版社，2001 年版，323 頁。

就在雜誌裏面，逐期發表，想諸君一定贊成。實行自己的工作辦法，我們就依據前定的總目裡，擇其中最偉大最需要的作品，提出一百種……或自己擔任，或特約請譯，或自由投稿……隨時譯成，隨時出版，滿了百部，便合成一種叢書，擬稱作『見影叢書』」。〔註10〕

　　1929 年，眞美善書店出版了盧白原編、蒲梢修訂的《1929 漢譯文學作品編目（第一次）》，這本書只收名家名作名譯，時間上「編制書目截止十八年三月三十一日」，排列順序上，「本書次序之排列，系以國別，先從亞洲最東方之日本起，依序排列，至西半球之美國爲止。而以雜譯諸國之作品置於最後。每國之內，先以總集，次乃個人作品。」編纂翻譯作品目錄，是曾氏父子爲了「有統係的翻譯」做出的初步努力，他們最大的成績，是在翻譯和出版大量的外國名著上。

　　據王西強統計，眞美善書店先後出版單行本書籍 83 種，其中包括曾樸、曾盧白、崔萬秋等 12 位翻譯家等翻譯的英、法、美、日、俄等六國 5 種文字 19 位作家譯作 28 部。這些作家是法國的囂俄（今譯雨果）、左拉、梅麗曼、葛爾孟、莫郎、穆里哀（今譯莫里哀）、邊勒魯意和法郎士，美國的佛雷特立克、德蘭散和皮藹爾，英國的哈代、王爾德和巴翁茲，日本的武者小路實篤、夏目漱石和高橋清吾，捷克的史萬德孩女士，俄國的薄力哈諾夫。另外，在翻譯方面，《眞美善》共刊登了由 51 位譯者翻譯的 17 國 14 種語言 103 位作家 186 篇次不同文體的作品。以法國爲例，法國有 93 篇次，占發表譯文總篇數的 50%，被譯介較多的作家有囂俄、梅麗曼、葛爾孟、戈恬、顧岱林、邊勒魯意、薄台萊、大仲馬、弗勞貝（今譯福樓拜)、李顯賓、浦萊孚斯德、莫泊桑、葛萊、巴爾紮克、婁·德曼、聖德伴物、亞甘當、法郎士、都德、保爾穆杭、左拉、勒穆彥、拉魯、喬治桑、拉馬丁、羅薩蒂（又譯羅色蒂）、繆塞、米顯萊和維尼等。應該說，曾樸父子以及眞美善譯者群堅持了曾樸的對於翻譯的系統性、經典性、名作化的標準和要求。〔註11〕

　　就這樣，曾樸在小說林社時期未竟的夢，在眞美善書店，得到了部分實現。可惜由於經濟關係，眞美善書店於 1931 年結束，曾樸返回故鄉常熟養病，並於 1935 年去世了。

〔註10〕《復王石樵、黃石龐、顧義的信》，《眞美善》第一卷第十一號，1928 年 4 月 1 日。

〔註11〕參見王西強《曾樸、曾盧白父子及眞美善作家群研究》，陝西師範大學 2013 年博士論文，83～86 頁。

　　自小說林社創立的 1904 年，到筆者完成此書的 2014 年，已經 110 年了，前賢的努力，永遠值得我們感佩。

參考書目

報刊類（按出版時間排列）

1. 《蘇報》
2. 《教育世界》
3. 《新民叢報》
4. 《新小說》
5. 《大陸報》
6. 《繡像小說》
7. 《科學世界》
8. 《女子世界》
9. 《時報》
10. 《東方雜誌》
11. 《新新小說》
12. 《直隸教育雜誌》
13. 《理學雜誌》
14. 《遊戲世界》
15. 《月月小說》
16. 《小說林》
17. 《競立社小說月報》
18. 《小說時報》
19. 《教育雜誌》

20. 《小說月報》
21. 《進步雜誌》
22. 《教育周報》（杭州）
23. 《小說叢報》
24. 《中華小說界》
25. 《小說海》
26. 《靈學叢誌》
27. 《眞美善》

晚清單行本類

中國書籍（按作者姓名首字母排列，未區分著作和翻譯）

1. 日本村松樂水著，丁祖蔭譯：《近世歐美豪傑之細君》，常熟；海虞圖書館，1903 年版。
2. 高山林次郎著、劉仁航譯、蔣維喬、黃懺華校訂《近世美學》，上海：商務印書館，1920 年版。
3. 美國海文著，中國顏永京譯：《心靈學》，光緒十五年（1889）益智書會本。
4. 黃摩西編：《普通百科新大辭典》，上海國學扶輪社，1911 年版。
5. 法國加寶耳奧原著，新會陳鴻璧譯：《一百十三案》，新民社，1915 年版。
6. 日本農學士今村猛雄著，昭文徐念慈譯：《植物學》，宏文館，1906 年版。
7. 會稽山人（陶成章）：《催眠術講義》，上海：商務印書館，1906 年版。
8. 美國烏特亨利撰，英國傅蘭雅譯《治心免病法》，光緒二十二年（1896）春鐫，上海格致書室發售。
9. 小說林社 123 種單行本小說（參見附錄七《小說林單行本小說目錄》，未見的，也在附錄七中標出）。
10. 徐念慈：《中國歷史講義》，上海：宏文館，光緒三十四年（1908 年）版。
11. 曾樸、徐念慈等編：《博物大辭典》，宏文館，光緒三十三年四月（1907 年 5～6 月）版。

日本書籍（按作者或譯者姓名首字母排列，未區分著作與翻譯）

1. 高山林次郎《近世美學》，東京：博文館，明治三十二年（1899 年）版，帝國百科全書第 34 編。
2. 黑岩周六譯《暗黑星》，日本朝報社明治三十七年（1904 年）版。
3. 井上勤譯，渡辺義方校：《亞非利加內地三十五日間空中旅行》，東京：繪入自由出版社，1884 年版。

4. 美國 George Mcwatters 著、日本千原伊之吉譯：《奇獄》，京都：日本同盟法學會，明治二十一年（1888 年）版。

5. 太田善男：《文學概論》，東京：博文館明治三十九年（1906 年）出版，帝國百科全書第 154 編。

6. 押川春浪：《銀山王》，東京：博文館，明治三十五年（1903 年）版。

7. 櫻井鷗村譯：《絕島奇譚》，東京：博文館，明治三十五年（1902 年）版，世界冒險譚第十二編。

8. 江見水陰、關戶浩園：《女の顔切》，日本青木嵩山堂，明治二十八年（1895 年）出版。

目錄類（按作者姓名首字母排列）

1. 阿英編：《晚清戲曲小說目》，上海：上海文藝聯合出版社，1954 年版。

2. 陳大康編：《中國近代小說編年》，上海：華東師範大學出版社，2002 年版。

3. 上海圖書館編：《中國近代現代叢書目錄》，上海：編者，1979 年版。

4. 上海圖書館編：《中國近代期刊篇目彙錄》，上海：上海人民出版社，1965～1984 年版。

5. 商務印書館編：《涵芬樓藏書目錄》，商務印書館宣統三年（1911 年）版。

6. 譚汝謙主編、小川博編輯：《中國譯日本書綜合目錄》，香港：香港中文大學出版社，1980 年版。

7. 王韜，顧燮光等編：《近代譯書目》，北京：北京圖書館出版社，2003 年版。

8. 周振鶴編：《晚清營業書目》，上海：上海書店出版社，2005 年版。

9. 樽本照雄編：《清末民初小說年表》，日本清末小說研究會，1999 年版。

10. 樽本照雄編：《新編增補清末民初小說目錄》，齊魯書社，2002 年版。

11. 樽本照雄編：《清末民初小說目錄》（第 5 版），日本：清末小說研究會，2013 年版。

作品集、資料彙編類（按作者姓名首字母排列）

1. 阿英編：《晚清文學叢鈔・小說戲曲研究卷》，北京：中華書局，1960 年版。

2. 阿英編：《晚清文學叢鈔・小說一卷》，北京：中華書局，1960 年版。

3. 阿英編：《晚清文學叢鈔・小說二卷》，北京：中華書局，1960 年版。

4. 阿英編：《晚清文學叢鈔・小說三卷》，北京：中華書局，1960 年版。

5. 阿英編：《晚清文學叢鈔·小說四卷》，北京：中華書局，1960 年版。

6. 阿英編：《晚清文學叢鈔·域外文學譯文卷》，北京：中華書局，1961 年版。

7. 卞孝萱、唐文權編：《民國人物碑傳集》，北京：團結出版社，1995 年版。

8. 包天笑：《釧影樓回憶錄》，香港：大華出版社，1971 年版。

9. 蔡元培、中國蔡元培研究會編：《蔡元培全集》，杭州：浙江教育出版社，1996～1998 年版。

10. 陳平原、夏曉虹編：《二十世紀中國小說理論資料：第一卷（1897～1916）》，北京：北京大學出版社，1997 年版。

11. 陳平原、鄭勇編《追憶蔡元培》，北京：中國廣播電視出版社，1997 年版。

12. 丁祖蔭：《丁祖蔭日記》，上海圖書館館藏手稿。

13. 高平叔：《蔡元培年譜長編》，北京：人民教育出版社，1998 年版。

14. 黃人著、江慶柏與曹培根整理《黃人集》，上海：上海文化出版社，2001 年版。

15. 黃鈞達編著《黃人生平與研究》，2005 年，未正式出版。

16. 蔣維喬：《因是子日記》，上海圖書館館藏手稿。

17. 金天翮：《女界鐘》，上海古籍出版社，2003 年版。

18. 康有為著，湯志鈞編：《康有為政論集》北京：中華書局，1981 年版。

19. 梁啟超：《飲冰室合集》，北京：中華書局，1989 年版。

20. 錢穆：《師友雜憶》，北京：三聯書店，1998 年版。

21. 錢仲聯主編：《明清詩文研究資料集》第一、二輯，上海：上海古籍出版社，1986 年版。

22. 《商務印書館百年大事記（1897～1997）》，北京：商務印書館，1997 年版。

23. 《商務印書館九十年──我和商務印書館》，北京：商務印書館，1987 年版。

24. 《商務印書館九十五年──我和商務印書館》，北京：商務印書館，1992 年版。

25. 《商務印書館一百年》，北京：商務印書館，1998 年版。

26. 商務印書館總編室：《商務印書館館史資料》（1～44 輯），北京：商務印書館，1981～1989 年版。

27. 時萌編著：《曾樸及虞山作家群》，上海：上海文化出版社，2001 年版。

28. 孫寶瑄：《忘山廬日記》，上海：上海古籍出版社，1983 年版。

29. 唐才常、宋恕著，鄭大華、任菁編：《砭舊微言──唐才常、宋恕集》，瀋陽：遼寧人民出版社，1994 年版。

30. 譚嗣同著，蔡尚思、方行編：《譚嗣同全集》（增訂本），中華書局，1981年版。

31. 湯哲生、涂小馬編著：《黃人》，北京：中國文史出版社，1998年版。

32. 王繼權等編：《中國近代小說大系》，南昌：百花洲文藝出版社，1988～1993年版。

33. 魏紹昌編：《中國近代文學大系》，上海：上海書店出版社，1996年版。

34. 魏紹昌編：《孽海花資料》（增訂本），上海：上海古籍出版社，1982年版。

35. 吳趼人：《我佛山人文集》，廣州：花城出版社，1989年版。

36. 徐兆瑋：《徐兆瑋日記》，常熟市圖書館館藏手稿。

37. 夏曉虹選編並導讀：《〈女子世界〉文選》，貴州：貴州教育出版社，2003年版。

38. 俞明震著，馬亞中校點：《觚庵詩存》，上海古籍出版社，2008年版。

39. 于潤琦主編：《清末民初小說書系·科學卷》，北京：中國文聯出版公司，1997年版。

40. 張元濟：《張元濟日記》，石家莊：河北教育出版社，2001年版。

41. 張元濟：《張元濟書箚》（增訂本），北京：商務印書館，1997年版。

42. 張樹年主編：《張元濟年譜》，北京：商務印書館，1991年版。

43. 張靜廬輯注：《中國近現代出版史料》（近代部分），上海：上海書店出版社影印，2003年版。

44. 張一麐：《心太平室集》，《近代中國史料叢刊》第8冊，臺北：文海出版社，1966年版。

45. 周作人：《知堂回想錄》，石家莊：河北教育出版社，2002年版。

46. 朱有瓛主編：《中國近代學制史料》第二輯上冊，華東師範大學出版社，1987年版。

研究論著（按作者姓名首字母排列）

1. 阿英《小說閒談四種》，上海：上海古籍出版社，1985年版。

2. 陳平原：《20世紀中國小說史：第一卷（1897～1916）》，北京：北京大學出版社，1989年版。

3. 陳平原：《中國小說敘事模式的轉變》，北京：北京大學出版社，2003年版。

4. 戴仁著、李桐實譯：《上海商務印書館（1897～1947）》，北京：商務印書館，2000年版。

5. 段治文：《中國現代科學文化的興起（1919～1936）》，上海：上海人民出

版社，2001 年版。

6. 范伯群主編：《中國近現代通俗文學史》，南京：江蘇教育出版社，2000 年版。

7. 郭浩帆：《中國近代四大小說雜誌研究》，北京：當代中國出版社，2003 年版。

8. 郭延禮：《20 世紀中國近代文學研究學術史》，南昌：江西高校出版社，2004 年版。

9. 郭延禮：《中國近代文學發展史》，濟南：山東教育出版社，1995 年版。

10. 郭延禮：《中西文化碰撞與近代文學》，濟南：山東教育出版社，1999 年版。

11. 龔敏：《黃人及其〈小說小話〉之研究》，濟南：齊魯書社，2006 年版。

12. 韓南：《中國近代小說的興起》，上海：上海教育出版社，2004 年版。

13. 黃霖《中國文學批評通史》（近代卷），上海：上海古籍出版社，1996 年版。

14. 魯迅：《中國小說史略》，北京：人民文學出版社，1973 年版。

15. 羅伯特・達恩頓著，葉桐、顧杭譯：《啓蒙運動的生意——〈百科全書〉出版史（1775～1800）》，北京：生活・讀書・新知三聯書店，2005 年版。

16. 李華川：《晚清一個外交官的文化歷程》，北京：北京大學出版社，2004 年版。

17. 李楠：《晚清、民國小報研究》，北京：人民文學出版社，2005 年版。

18. 李澤厚：《中國近代思想史論》，天津：天津社會科學出版社，2003 年版。

19. 李致忠：《古籍版本知識 500 問》，北京：北京圖書館出版社，2001 年版。

20. 坪內逍遙著、劉振瀛譯：《小說神髓》，北京：人民文學出版社，1991 年版。

21. 錢鍾書等著：《林紓的翻譯》，商務印書館，1981 年版。

22. 時萌：《曾樸研究》，上海：上海古籍出版社，1982 年版。

23. 時萌：《中國近代文學論稿》，上海：上海古籍出版社，1986 年版。

24. 時萌：《晚清小說》，上海：上海古籍出版社，1989 年版。

25. 時萌：《常熟近代文學五家》，1995 年，收入「名城文化叢書」，未正式出版。

26. 王德威：《被壓抑的現代性——晚清小說新論》，北京：北京大學出版社，2005 年版。

27. 王德威：《想像中國的方法》，北京：三聯書店，1998 年版。

28. 王建輝：《出版與近代文明》，開封：河南大學出版社，2006 年版。

29. 王燕：《晚清小說期刊史論》，長春：吉林人民出版社，2002 年版。

30. 夏曉虹：《覺世與傳世──梁啓超的文學道路》，上海：上海人民出版社，1991 年版。

31. 夏曉虹：《晚清女性與近代中國》，北京：北京大學出版社，2004 年版。

32. 夏志清：《中國古典小說史論》，南昌：江西人民出版社，2003 年版。

33. 熊月之：《西學東漸與晚清社會》，上海人民出版社，1994 年版。

34. 顏廷亮：《晚清小說理論》，北京：中華書局，1996 年版。

35. 楊聯芬：《晚清至五四：中國文學現代性的發生》，北京：北京大學出版社，2003 年版。

36. 楊世驥：《文苑談往》第一集，上海：中華書局，1946 年版。

37. 伊恩・P・瓦特著：《小說的興起》，高原、董紅鈞譯，北京：三聯書店，1992 版。

38. 袁進：《中國小說的近代變革》，北京：中國社會科學出版社，1992 年版。

39. 樽本照雄《清末小說研究集稿》，濟南：齊魯書社，2006 年版。

參考論文（按作者姓名首字母排列）

1. 阿英：《清末小說雜誌略》，阿英《小說閒談》，上海良友圖書印刷公司，1936 年版，第 60 頁。

2. 阪元弘子：《譚嗣同的〈仁學〉和烏特亨利的〈治心免病法〉》，《中國哲學》第十三輯，北京：人民出版社，1985 年版，第 264～275 頁。

3. 曹家俊：《〈重修常昭合志〉總纂丁祖蔭傳略》，《常熟文史》第三十五輯，常熟市政協學習和文史委員會編，2006 年版（內部發行）。

4. 曹培根：《丁祖蔭及其〈重修常昭合志・藝文志〉》，《常熟高專學報》2000 年第 5 期。

5. 曹培根：《常熟民國著述家》，載曹培根著《書鄉漫錄》，石家莊：河北教育出版社，2004 年版。

6. 陳來：《心學傳統中的神秘主義問題》，《有無之境──王陽明哲學的精神》頁 390～413，北京：人民出版社，1991 年版。）

7. 陳廣宏：《黃人的文學觀念與十九世紀英國文學批評資源》，載《文學評論》2008 年第 6 期。

8. 陳應年：《奚若，一位被人們遺忘的翻譯家》，《中華讀書報》1999 年 7 月 14 日。

9. 慈雲雙、伍大福：《〈中國文學家大辭典・近代卷〉「李涵秋」條辨正及其他》，《明清小說研究》，2007 年第 1 期。

10. 董增剛《論譚嗣同〈仁學〉「以太」說》,《首都師範大學學報》社會科學版,1994 年第 5 期。

11. 關詩珮:《呂思勉〈小說叢話〉對太田善男〈文學概論〉的吸入——兼論西方小說藝術論在晚清的移植》,載《復旦學報》社會科學版,2008 年第 2 期。

12. 郭浩帆:《近代四大小說雜誌研究》,山東大學 2000 年博士論文。

13. 李辰冬:《小說林小說的片貌》,《華北日報·俗文學周刊》第 44～50 期,1948 年 4 月 30 日～6 月 11 日。

14. 欒偉平:《近代科學小說與靈魂——由〈新法螺先生譚〉說開去》,《中國現代文學研究叢刊》2006 年第 3 期。

15. 欒偉平:《蔣維喬日記中的小說林社史料》,《清末小說》(日本清末小說研究會)第 29 號,2006 年 12 月。

16. 馬曉冬:《文化轉型期的翻譯實踐——作為譯者的曾樸》附錄四《〈影之花〉的譯者問題》,北京大學 2008 年博士論文。

17. 佩瑞·林克:《論一、二十年代傳統樣式的都市通俗小說》,《中國現代文學的主潮》,賈植芳主編,上海:復旦大學出版社,1990 年版,第 124 頁。

18. 時萌:《吳趼人的小說觀》,《鎮江師專學報》社會科學版,1989 年第 2 期。

19. 陶報癖:《前清的小說雜誌》,《遊戲世界》第 18 期,1922 年 11 月。

20. 神田一三:《魯迅〈造人術〉的原作》,《魯迅研究月刊》2001 年第 9 期。

21. 神田一三:《魯迅〈造人術〉的原作·補遺——英文原作的秘密》,《魯迅研究月刊》2002 年第 1 期。

22. 文迎霞:《關於〈繡像小說〉的刊行、停刊和編者》一文,《華東師範大學學報》,2006 年第 5 期。

23. 吳光:《靈學·靈學會·靈學叢誌》,《中國哲學》第十輯,北京:三聯書店,1983 年版。

24. 吳光:《靈學叢誌》,《辛亥革命時期期刊介紹》第四輯,第 613～614 頁。

25. 武田雅哉著、錢瑋譯:《從東海覺我徐念慈的〈新法螺先生譚〉說起》,《明清小說研究》1986 年 2 期。

26. 武田雅哉著、王國安譯:《東海覺我徐念慈〈新法螺先生譚〉小考——中國科學幻想小說史雜記》,《復旦學報》社會科學版,1986 年 6 期。

27. 徐斯年:《黃摩西的〈中國文學史〉》,載《魯迅研究月刊》2005 年第 12 期。

28. 葉永烈:《清朝末年的科學幻想小說》,《光明日報》1981 年 8 月 7 日。

29. 樽本照雄:《〈航海少年〉原作探索》,《清末小說から》第 59 號,2000 年 10 月 1 日。

附錄一　《觚庵漫筆》作者考

摘　要

　　關於發表於晚清《小說林》雜誌的《觚庵漫筆》，不少研究者認爲作者「觚庵」是俞明震。但筆者認爲《觚庵漫筆》的作者絕不可能是俞明震，基本上可以確定是小說林社編輯部主任、《小說林》主編徐念慈。

關鍵詞　《觚庵漫筆》　俞明震　徐念慈

　　提起晚清的新小說，總是繞不開四大小說雜誌——《繡像小說》、《新小說》、《月月小說》、《小說林》。而四大小說雜誌之一的《小說林》，尤以獨樹一幟的小說理論爲特色：黃人〔註1〕的《〈小說林〉發刊詞》和《小說小話》，徐念慈〔註2〕的《〈小說林〉緣起》、《余之小說觀》，觚庵的《觚庵漫筆》等文

〔註1〕　黃人（1866～1913），原名振元，字慕庵（一作慕韓），中年改名黃人，字摩西，江蘇昭文縣（今常熟）人。他是中國近代文學史上重要的文學家、學者，南社早期社員、東吳大學（現蘇州大學）首任國文總教習，小說林社核心成員。黃人的著作甚多，其詩詞集存留於世的有《石陶梨煙室詩存》、《非想非非想天中人語》、《摩西詞》等。其文在生前並未結集。關於黃人作品，目前收集最爲完備的是江慶柏、曹培根整理的《黃人集》（上海文化出版社，2001年）。

〔註2〕　徐念慈（1875～1908），字彥士，別號覺我、東海覺我，江蘇常熟人，小說林社編輯部主任，《小說林》雜誌主編。他創作的《新法螺先生譚》是中國最早的科學幻想小說之一。此外，他還爲小說林社譯有科學小說《黑行星》、冒險小說《海外天》、言情小說《美人妝》、軍事小說《新舞臺》等多種作品。

章，提倡小說的審美本質與獨立性，並客觀評判小說與社會的關係，對糾正小說過分政治化的時論有一定的反撥作用。關於《觚庵漫筆》，不少研究者認為作者「觚庵」是俞明震。但筆者經過仔細考證，發現《觚庵漫筆》的作者絕不可能是俞明震，基本上可以確定是小說林社編輯部主任、《小說林》主編徐念慈。

一、《觚庵漫筆》的作者絕非俞明震

《觚庵漫筆》連載於《小說林》雜誌第 5、7、10、11 期，時間是從 1907 年 8 月到 1908 年 6 月，作者署名「觚庵」。因為俞明震號觚庵，長期以來，有不少學者將《觚庵漫筆》的著作權歸於俞明震。不過，也有學者對此存疑，如《觚庵詩存》的校點者馬亞中。〔註3〕

俞明震（1860～1918），字恪士，號觚庵，浙江山陰（今紹興）人。1890 年中進士，例授翰林院庶吉士，三年散館授刑部主事。中日甲午戰爭爆發，奉臺灣巡撫唐景崧奏調赴臺，委管全臺營務。《馬關條約》割臺灣，與唐景崧、丘逢甲組織臺灣守軍，抗擊日軍。戊戌變法時，積極支持康梁變法。曾參與湖南巡撫陳寶箴推行的新政，協辦礦務事宜。1901 年，由江蘇候補道轉任南京江南陸師學堂兼附設礦務鐵路學堂總辦，成為周樹人的老師。1902 年，學堂停辦，俞明震去職。1907 年，任江西贛寧道。1910 年，任甘肅提學使。1911 年，署甘肅布政使。辛亥革命後，為民國平政院肅政史，不久謝歸故里。晚年寓居上海、杭州等地。撰有《觚庵詩存》四卷。〔註4〕

從上面的簡介可以看出，俞明震 1907 年起擔任江西贛寧道，以其清廷官員的身份，為傳統上被鄙為小道的小說寫評論，這已很少可能。而且私下寫寫倒也罷了，還公開發表在雜誌上，這是與身份很不相符的行為，也是引起筆者懷疑俞明震不是《觚庵漫筆》作者的起因。

通過對《觚庵漫筆》的細讀，有以下兩點，說明《觚庵漫筆》的作者絕非俞明震。

首先，《觚庵漫筆》作者的經歷與修養跟俞明震不符。文中說：

> 余不解音律，又拙於詞藻，故於傳奇樂府，除普通之《西廂》、《琵琶》、《牡丹亭》、《長生殿》、《桃花扇》等諸名著外，未嘗博覽

〔註3〕 俞明震著，馬亞中校點《觚庵詩存》，上海古籍出版社，2008 年，147 頁。

〔註4〕 參見馬亞中《〈觚庵詩存〉前言》，上海古籍出版社，2008 年。

　　　廣收。八、九年前，館明瑟山莊，曾假得笠翁十六種曲讀之，今亦

　　　全數忘卻，茫昧如隔世。去臘，適山莊主人東亞病夫，在海上舊書

　　　肆，購得《吟風閣》六冊，余即攜歸，借讀一過。〔註5〕

俞明震是近代有名的詩人，與同時代的陳三立、范當世、朱祖謀、易順鼎等
人多有唱和，縱然謙說自己「拙於詞藻」，也不免有矯情之嫌。此外，「舸庵」
在上述話中，流露出與曾樸〔註6〕交好的信息。而曾樸存世的作品中，以及其
子曾虛白編纂的《曾孟樸先生年譜》（未定稿）〔註7〕中，都沒有與俞明震交
往的記錄；《舸庵詩存》中，也看不到二人有交情的任何文字。而徐念慈倒符
合條件：他與曾樸交好，1907年（引文中的「去臘」）恰在上海主編《小說林》
雜誌。

　　其次，也是最重要的證據：《舸庵漫筆》的作者在年齡上與俞明震不符合。
《舸庵漫筆》的作者在評價《恨海》時，透露了自己的年齡信息：

　　　書中寫陳伯和，前後竟是兩人，而其過渡處，只在說謊得了八

　　　口大皮箱。拾遺金於道者，尚不得為佳士，況以言誆得者乎？要之，

　　　其前半之循規蹈矩，全是未出書房門之佳子弟，純然天性；後半之

　　　舉動氣息，全是不知自愛之少年無賴，純然人欲。嗟乎！習俗移人，

　　　至成第二天性。余年僅卅，而見人之陷此途者，已不知凡幾。〔註8〕

俞明震1860年出生，到1908年時，已年近半百，不可能說自己「余年僅卅」，
年齡上不相符。而《小說林》雜誌總編輯徐念慈（1875～1908），至 1908 年
三十四歲，符合「余年僅卅」之意。

　　綜上，《舸庵漫筆》的作者絕不是俞明震。

二、《舸庵漫筆》的作者是徐念慈

　　前面討論過了《舸庵漫筆》的作者絕不是俞明震。筆者認為是徐念慈，
證據如下：

（一）「舸庵」曾想創作表現日俄戰爭的小說，與徐念慈相符

　　　余嘗選歷史事實，擬著一軍事小說，遠者為美國獨立記，近者

〔註5〕舸庵《舸庵漫筆》，《小說林》第 11 期，1908 年 6 月。

〔註6〕曾樸（1872～1935），名樸，初字太樸，改字孟樸，又字小木、籀齋，江蘇常
　　　熟人。小說林社經理、近代文學家、出版家、翻譯家。筆名東亞病夫。

〔註7〕虛白《曾孟樸先生年譜》（未定稿），《宇宙風》2～4 期，1935 年 10～11 月。

〔註8〕舸庵《舸庵漫筆》，《小說林》第 10 期，1908 年 4 月。

爲日俄戰紀，而以日俄之戰尤有裨益。一、戰具精；二、戰法備，且易調查；三、兩強相犄拒，非有程度之懸絕；四、我政府處於中立之地位，而人民實受切膚之禍。從此編輯，必有裨益於社會。但心有餘而才不足，又無餘晷以限之，奈何？〔註9〕

而徐念慈即曾收集材料，計劃撰寫以日俄戰爭爲主題的小說《遼天一劫記》，因早逝而未完成。小說林社於 1906 年正月出版的《一捻紅》書後有相關廣告：

新著述《遼天一劫記》（撰述中）

東海覺我撰。本編記日俄甲辰之戰，首尾完備。旅順攻擊，對馬海戰，奉天鐵嶺諸役，引據報章日記以及局外觀戰員之報告，成此一大集。我國民身受之慘禍，應留爲一大紀念，不僅對岸觀火已也。出書後再行廣告。

載於《小說林》第 12 期的《鐵甕爐餘》的作者「鐵」，亦證明徐念慈曾想寫作表現日俄戰爭的小說《遼天一劫記》：

《遼天一劫記》，吾國之絕大哀史也。昭文徐念慈先生於昔年發起，調查參考，經營數年，齎志而歿，未著一字。嘗聞古人著作，每不輕於下筆，萃畢生之精華，始成一巨製，以視當世之率爾操觚者爲何如耶！是書之未成，職是故耳。惜天不假年，廣陵絕響，否則小說中多一巨製，亦稗乘中多一野史矣。〔註10〕

包天笑的回憶也證明了這一點。1907 年 11 月，《小說林》雜誌第 6 期發表吳門天笑生（包天笑）編述的長篇小說《碧血幕》，其開頭云：

横刀我欲向天笑，相逢劇場遊戲。孽海花飛，遼天劫墮，一代風華閒史。……因爲那以前的老戲覺得陳腐取厭，就有人編成兩本新戲：金樽檀板，爭唱孽海之花；急管哀弦，試演遼天之劫。自從這兩本新戲出現以來，頓教人耳目一新。只是這新戲劇的舞幕方開，難道就此戛然而止？因此，在下便不揣鄙陋，起來率爾操觚，妄思續貂。

上引文字中包含了《遼天一劫記》的書名。包天笑《釧影樓回憶錄》也提到徐念慈想寫「紅鬍子小說」：

〔註9〕 觚庵《觚庵漫筆》，《小說林》第 7 期，1907 年 12 月。
〔註10〕 鐵《鐵甕爐餘》，《小說林》第 12 期，1908 年 10 月。

在小說林的時候，我們還有一個志願，可惜到後來，這個志願，一個都沒有償。因爲孟樸說，他的《孽海花》，寫到庚子拳變，兩宮回鑾以後，就結束不寫了，賽金花讓她活下去吧，也就無關緊要了。因此徐念慈（小說林總編輯）說：「我想寫一部長篇小說，記東三省紅鬍子的事。」在清代稱紅鬍子爲鬍匪，又稱爲馬賊，民間則有稱爲義勇軍的，這時候正在崛起時代，他也起好了一個書名，正在搜集材料。他說：這部小說，正好接在孽海花之後，可以出版。……徐念慈的紅鬍子小說，可憐他並不曾著筆，便這樣齎志以沒了。〔註11〕

所謂的「紅鬍子」，指的是東北的馬賊，他們在日俄戰爭期間相當活躍：徐念慈翻譯的日本押川春浪所著《新舞臺》就提到了日本人和馬賊合作的事情。再結合《碧血幕》開頭的「遼天之劫」，可以知道，所謂「紅鬍子小說」就是指《遼天一劫記》。

（二）「觚庵」與黃人交好。

《小說林》第 10 期的《觚庵漫筆》提到：

偵探小說，自譯籍風行後，於是有擬中國事實爲《中國偵探案》者。然書雖架空，著之殊非易事。吾友摩西嘗於論俠義小說時，縱談及之，以爲如歐陽春、展昭、智化、蔣平等，實出偵探名家之上。蓋一切法律交通之不完全，僅恃其腦力、腕力之敏捷，以摘奸發伏，難易勞逸，迥乎不同也。〔註12〕

「觚庵」稱黃人是「吾友」，可見二人關係很好。

（三）觚庵在《觚庵漫筆》中，留下他很可能是小說林社編輯的線索

《小說林》第 11 期的《觚庵漫筆》中，「觚庵」表示準備重排一精本《紅樓夢》，多留空白，任憑讀者圈點批評：

《紅樓夢》，小說中之最佳本也，人人無不喜讀之，且無不喜致訂之、批評之。乃今日坊間通行之本，都是東洞庭護花主人評，蛟川大某山民加評，其評語之惡劣陳腐，幾無一是處。余恒擬重排

〔註11〕　包天笑《釧影樓回憶錄》「在小說林」，香港：大華出版社，1971 年，326～327頁。

〔註12〕　觚庵《觚庵漫筆》，《小說林》第 10 期，1908 年 4 月。

一精本，用我國叢書板口，天地頭加長，行間加闊，全文概用單圈，
每回之末，夾入空白紙三、四頁，任憑讀者加圈點，加批評。吾知
此書發行後，必有多少奇思異想、鉤心鬥角之佳著作出現矣。〔註13〕

這已是很純粹的編輯口吻了。只有編輯才會表示要出版一個方便讀者加評的
本子，如果是一般讀者，不會有「余恒擬重排一精本」的口氣，而可能是「余
冀書肆重排一精本」。

而同期《小說林》雜誌，專門刊出了徵求《紅樓夢》評點的廣告：

敬告愛讀《紅樓夢》諸君

我國舊小說，以《紅樓夢》爲第一。其中深文奧義，命名記時，
甚至單詞片語，篇章句讀，每每人執一詞，家騰一說，津津樂道之。
然未有輯成專書者。本社敬告愛讀諸君，苟有發明之新攷據、新議
論、新批評、新理想，不論長篇短札，以及單詞隻義，請寄交本社
發行所。《小說林》報中專設「紅樓叢話」一門，擇尤登載之。俟積
久成帙，即精印單行本，分贈投函諸君，以酬雅意，幸勿吝教。

如此巧合的事情，很容易引向一個解釋：「觚庵」是《小說林》編輯，且地位
較高。這人很可能就是小說林社總編輯徐念慈了。

（四）《觚庵漫筆》的內容有與徐念慈《余之小說觀》重合處。

其一，《觚庵漫筆》曾探究當時翻譯小說多於著作小說的原因，得出的結
論是——著書篇幅長，耗時多，比較難；而譯書篇幅短，耗時少，較著書容
易：

觀於今日小說界，普通之流行，吾敢謂操觚家實鮮足取者。是
何故？因艱於結構經營，運思布局，則以譯書爲便。大著數十萬言，
巨且逾百萬，動經歲月。而成書後，又恐無資本家仿雞林賈人之豪
舉，則以三四萬言、二三萬言爲便。不假思索，下筆成文，十日呈
功，半月成冊，貨之書肆，囊金而歸。從此醉眠市上，歌舞花叢，
不須解金貂，不患乏纏頭矣。誰謂措大生計窘迫者？此所以歲出有
百數也，是亦一大可異者也。〔註14〕

《小說林》第 9 期「覺我」（徐念慈）的《余之小說觀》專門闢有「著作

〔註13〕觚庵《觚庵漫筆》，《小說林》第 11 期，1908 年 6 月。
〔註14〕觚庵《觚庵漫筆》，《小說林》第 7 期，1907 年 12 月。

小說與翻譯小說」一節，認爲著作與翻譯的比重是：「綜上年所印行者計之，則著作者十不得一二，翻譯者十常居八九。」翻譯比著作多得多。一個重要原因是：「譯書呈功易，卷帙簡，賣價廉，與著書之經營久，筆墨繁，成本重，適成一反比例。因之舍彼取此，樂是不疲與，亦爲原因之一。」〔註 15〕《觚庵漫筆》與《余之小說觀》對翻譯和著作的比重問題見解一致並不見奇，這本是當時出版界公認的現象；有意思的是，二者對這一問題的解釋竟然驚人地相似。（當然，《余之小說觀》還補充了一個原因：翻譯小說能滿足讀者對外國風土人情的好奇心，故而流行，小說家也不得不迎合風尚。）

其二，《觚庵漫筆》曾表示對同一種小說重複翻譯的不滿，徐念慈《余之小說觀》亦持同樣意見。

《觚庵漫筆》云：

> 譯者彼此重複，甚有此處出版已累月，而彼處又發行者，名稱各異，黑白混淆，是眞書之必須重譯，而後來者果居上乘乎？實則操筆政者，賣稿以金錢爲主義，買稿以得貨盡義務，握財權者，類皆大腹賈人，更不問其中源委，曾無一有心者，顧及銷行之有窒礙否，四異也。彼此以市道相衡，而乃揭其假面具，日號於眾曰：「改良小說，改良社會。」嗚呼！余欲無言！〔註16〕

而徐念慈《余之小說觀》專門有一小節，討論「小說之題名」：

> 今者競尚譯本，各不相伴，以致一冊數譯，彼此互見，如《狡狡童子》之即《黃鑽石》，《寒牡丹》之即《彼得警長》，《白雲塔》之即《銀山女王》，《情網》之即《情海劫》，《神樞鬼藏錄》之即《馬丁休脫》。在譯者售者，均因不及檢點，以致有此駢拇枝指，而購者則蒙其欺矣。〔註17〕

（五）徐念慈去世後，《觚庵漫筆》停止連載，改刊《鐵甕燼餘》

《鐵甕燼餘》是接續《觚庵漫筆》而寫：第 11 期《觚庵漫筆》的後半部分用較大篇幅討論了戲劇和平話對小說流行的影響，第 12 期的《鐵甕燼餘》接著《觚庵漫筆》寫下去，繼續討論戲劇和平話與小說流行的關係，並且提出改良彈詞。第 11 期《觚庵漫筆》稱讚《紅樓夢》，《鐵甕燼餘》也繼

〔註15〕覺我《余之小說觀》，《小說林》第 9 期，1908 年 2 月。
〔註16〕觚庵《觚庵漫筆》，《小說林》第 7 期，1907 年 12 月。
〔註17〕覺我《余之小說觀》，《小說林》第 9 期，1908 年 2 月。

續稱讚《紅樓夢》。筆者覺得，很可能因為「觚庵」已經去世了，他的文章才會由別人續寫。這也為「觚庵」就是徐念慈提供了一種可能性。

綜上，我們可以知道。「觚庵」約三十歲，與曾樸、黃人交好，是《小說林》雜誌的重要編輯。《觚庵漫筆》所論與徐念慈《余之小說觀》有重複處。「觚庵」準備創作表現日俄戰爭的小說，徐念慈也是如此，還為自己的小說起好了名字──《遼天一劫記》。筆者覺得，這些條件綜合起來，已經基本可以證明《觚庵漫筆》的作者就是徐念慈了。

（注：本書已發表於《中國現代文學叢刊》2013 年第 1 期）

附錄二　小說林大事記

光緒二十一年乙未（1895～1896 年）

曾樸入京師同文館學習法文，為研究法國文學打下了語言基礎。

光緒二十三年丁酉（1897～1898 年）

丁祖蔭、潘任、季亮時等人，集合同志，創設常昭中西學社於常熟城東學愛精廬。旋由昭文知縣李鵬飛撥給別峰庵為社廬，並以捐款改建藏書樓，庋置圖籍，以供學者肄講。今存《中西學社藏書目》，共分經史子集四部，其中格致書占相當大一部分。

光緒二十四年戊戌（1898～1899 年）

曾樸認識了精通法國文學的陳季同。在陳季同的指導下，曾樸勤奮研讀法國文學。陳季同教授的西方文學知識激起了曾樸的「文學狂」。

　　陳季同（1852～1907），字敬如，號三槎乘客，福建侯官（今福州）人。早年肄業於福州船政學堂，後在歐洲學習和工作了十八年，曾任清朝駐法國使館參贊。他是我國近代第一位用法文寫作的中國人。自 1884 年起，以陳季同的名字出版了法文著作多種，被翻譯成英、德、意、西、丹麥等多種文字，獲得了西方公眾的廣泛關注。這些作品將一個理想化的「文化中國」形象傳達給西方公眾，在一定程度上改變了當時西方人對中國的偏見。

徐念慈與張鴻、丁祖蔭等假常熟塔前舊書院「學愛精廬」原址改設蒙養學堂。（時萌《徐念慈年譜》）。

金松岑到江陰南菁書院，任學長。

光緒二十五年己亥（1899～1900 年）

曾樸、徐念慈、張鴻、丁祖蔭等人擴辦中西學堂。（時萌《徐念慈年譜》）。

光緒二十七年辛丑（1901～1902 年）

丁祖蔭就讀江陰南菁書院，結識蔣維喬。日後，蔣維喬對小說林社起到了較大作用：他是《女子世界》雜誌的重要撰稿人，還幾次向丁祖蔭提供關於調整雜誌欄目的建議；他和奚若合作，在小說林社出版了多部譯作；還向丁祖蔭推薦同鄉、同事的譯著之作，爲小說林社提供稿源。

> 蔣維喬《鵷居日記》癸卯年十二月初四日條《鄒節母家傳》云：「辛丑之歲，余識常熟丁君初我於江陰南菁講舍。」

> 蔣維喬（1873～1958），字竹莊，別號因是子。江蘇常州武進縣人。20 歲中秀才，繼入江陰南菁書院，是丁祖蔭的同學兼好友。1903 年應蔡元培之聘，赴滬任「愛國學社」、「愛國女學」教員。後進商務印書館編譯所，從事小學教材的編寫，並主持小學師範講習所，創設商業補習學校、工人夜校。辛亥革命後，曾任教育部秘書長、參事。1913 年辭職返滬，仍入商務印書館，主持編輯中學及師範學校教材。1922 年至 1925 年任江蘇省教育廳廳長，1929 年起任光華大學教授。

1901 年 3 月 20 日，美國基督教監理公會創辦的東吳大學正式成立並開學，聘任黃人（摩西）爲漢文教習。

光緒二十八年壬寅（1902～1903 年）

丁祖蔭和蔣維喬仍在南菁讀書，本年南菁改設學堂，講授新學，包括理化、測繪、東文、西文、體操等科目。丁祖蔭是學生中最優秀者，他的日文很可能是在南菁學得。教師中有理化教習鍾憲鬯先生，丁祖蔭對科學的興趣很可能來自於此。1906 年，丁祖蔭改《女子世界》爲《理學雜誌》，欄目設置

等學習鍾憲鬯等人主辦的《科學世界》。而且，在改辦前夕，曾赴上海與鍾見面。

蔣維喬《鷦居日記》壬寅年年終總結：「今歲南菁改設學堂。既到堂後，於諸教習及同學志士相處，乃大悟新學界之大開生面。……堂中設理化、測繪、東文、西文、體操五科。余鼓其餘勇兼習之。雖未能久，而余之思想發達實始於此。蓋中國現勢在過渡時代，而余之學新舊交換亦在過渡時代也。……南菁理化教習鍾憲鬯先生學最高。同學常熟丁君芝孫為最。」

1902 年 4 月，中國教育會成立。丁祖蔭與南菁師長鍾憲鬯，同學蔣維喬及黃子彥準備去參加中國教育會的成立大會，因風浪較大，未及與會。

蔣維喬《鷦居日記》壬寅年二月二十六日（1902 年 4 月 4 日）：「偕鍾憲鬯先生、丁君芝孫、黃君子彥同舟渡江至滬，赴中國教育會。舟小風大，至中流浪高丈餘，振動殊甚。四人促膝長談，言笑自若，亦殊壯甚。既渡江而無輪舟，已不及與會，遂返。」

1902 年春，日本人金井雄（號「秋蘋」）來到常熟，任俟實學堂總教習，並在曾氏花園擔任東文學舍的教習。（時萌：《曾樸與日本詩人的文字緣》，《曾樸及虞山作家群》，上海：上海文化出版社 2001 年版，第 68 頁。）徐念慈的日文很可能是向金井雄學來。

蔣維喬《鷦居日記》壬寅年十月初一日（1902 年 10 月 31 日）：「偕丁君芝孫赴虞山，謁金井秋蘋君。金井日本人，留德國八年，今春來遊歷虞山。虞山諸同志就學東文法。」

1902 年秋，徐念慈組織斅學同盟會，參加者曾樸、朱積熙、丁祖蔭等人。

趙利棟《清末新式學務團體和教育界的形成：以江蘇省為中心》（載《晚清國家與社會》，中國社會科學院近代史研究所政治史研究室、蘇州大學社會學院編，北京：社會科學文獻出版社，2007 年版。）一文云：「（常熟斅學同盟會）其宗旨即在『組織學界同盟以立國民同盟之基礎』，會員分名譽會員和通常會員二種，並由會員公舉總理、常議員、幹事員等。1903 年時，有成員 47 人，其中 7 人後來成為江蘇教育總會的第一年入會會員。常熟斅學同盟會附屬有特別小學一所，藏書樓和閱報處各一，並創辦有城西小學和演說會。」

據《蘇報》1903 年 3 月 23 日所刊《敷學同盟會會員題名單》，其時總理：徐念慈；副總理：曾樸；常議員：丁祖蔭、殷崇亮、朱積熙、張鴻；幹事員：蔣武森、季亮時、王兆麟、沈同午、宋麟；會員：丁國鈞、蔣紹伊、龐樹敷、徐宗鑒、陳元綸、鄒義、毛漸、余振元、王錡、殷湛、趙仲峻、蔡炯光、呂躍龍、楊祥廖、蕭則林、孫同潞、錢鳴宸、錢啟承、周晃、顧鴻、張傑、胡文藻、金保熙、曹慰宗、蔣鳳悟、曹棟、徐鴻遇、錢漢陽、周宗煒、邱秉德、王國勳、邱觀成、陳徐鶴、陶晃、鄭俠傅、鄭庚蠡。

1902 年，曾樸、徐念慈、丁祖蔭等人將中西學社擴展為塔前高等小學校，該校是常熟最早的小學，是常熟新教育的開始。

1902 年 11 月 14 日，《新小說》在日本橫濱創刊。編輯發行人趙毓林，實際上是梁啟超。梁啟超在《新小說》第一號上發表《論小說與群治之關係》一文。此文增強了曾樸對於小說地位提升的信心。

按：東亞病夫（曾樸）《復胡適的信》（載於《真美善》第 1 卷第 12 號，1928 年 4 月 16 日）云：「我只為迷信了這一篇話（按：指陳季同關於中外文學比較之言），不僅害我生了一場大病，而且好多年感著孤寂的苦悶。……（常熟本地老紳士）竟把研究小說，當作一種罪案。……不久，《新民叢報》出來了，刊行了一種《新小說》雜誌，又發表了一篇『小說有關群治』的論文，似乎小說的地位，全仗了梁先生的大力，增高了一點。翻譯的小說，如《茶花女遺事》等，漸漸地出現了。那時社會上一般的心理，輕蔑小說的態度確是減了。」

1902 年 12 月，徐兆瑋、孫景賢等人有意籌辦一種小說報（很可能黃人也參加了。孫景賢曾就讀於東吳大學〔具體時間不詳〕，是黃人的學生。筆者在黃人後代黃鈞達先生處曾見到孫景賢致黃人的明信片，稱呼「摩西吾師丈席」；還有一封信，討論《雁來紅叢刊》的編輯情況，落款「弟子景賢百拜」。）。徐兆瑋建議以明季野史為主，「雜以新譯東西小說及近人所著小種可愛玩者」，月出一冊。這是後來《雁來紅叢刊》的雛形。

徐兆瑋《劍心簃壬寅日記》十一月十九日乙亥（1902 年 12 月 18 日）：「復（孫希孟）書云：前日肅叔述及有集股印小說報之舉。鄙意章回、彈詞，較傳奇更難，新小說萬難學步，不如取其舊者。

明季野史多可喜愕，誠能彙集數十種，雜以新譯東西小說及近人所著小種可愛玩者，月出一冊，亦足一新眼界。從前申報館印《記載彙編》，亦是此法。惜僅兩冊而止。今另開略例一紙，乞與海平諸君酌之。

一、命名。當如《記載彙編》之例。

一、徵書。章回小說為一類，彈詞為一類，此二類最難，須取有益政治者。譯東西小說為一類，傳奇為一類，明季野史為一類，鄙處此類最多，如《海虞妖亂志》及《過墟誌感》校本，皆上駟。本朝野史為一類，近時日記附此類。筆記為一類，或雜記掌故，或兼述時事，或考據西學，或講求古玩，皆入此類。詩詞為一類，當如《南宋雜事詩》、《本事詞》之屬編成一種者。遊戲文章如燈謎、酒令之屬，亦以輯成卷軼為貴。

一、計費。每冊若干頁，印訂若何計費，每冊幾何，每期幾冊，立一預計表。

一、集股。計費定後，約半年，需若干，再合股，每股每月若干。約半年後收報費，可以周轉，便可立定腳跟矣。」

徐兆瑋（1867～1940）字少逵，號虹隱，別署劍心。常熟何市人。光緒十四年（1888 年）舉人，光緒十六年進士，選庶吉士，授編修。光緒三十三年赴日本治法律。曾參加同盟會。民國初，任國會眾議員。曹錕賄選總統，拒賄南歸，居家中「虹隱樓」，從事讀書著述。丁祖蔭總纂《重修常昭合志》，任副總纂；丁歿，竟其稿。抗戰時，遷居上海卒。著有《閏餘集》，《虹隱樓隨筆》、《棟秋館談藪》、《夢籛集異》、《虞鄉瑣記》、《桂村耆舊傳》等，並撰寫日記積 40 餘年，多未刊。

孫景賢（1880～1919），字希孟，號龍尾，常熟人。光緒三十三年（1907），其師張鴻任駐日本長崎領事，隨張至領事館任職，並就讀於明治大學法律科。歸，賜舉人出身。入民國，就職於外交部。工詩文。著有《龍吟草》、《海邊樂府》。亦能為小說。著有《轟天雷》小說，寫清末常熟沈鵬疏劾李蓮英等「三凶」一案，署名「藤谷古香」。

光緒二十九年癸卯（1903～1904 年）

1903 年 5 月，丁祖蔭、朱積熙等人集股開設海虞圖書館。以賣新書爲主，還是一個小規模的出版社，出版了幾部譯作。對於丁祖蔭、朱積熙來說，這是在小說林社之前投資和經營出版業的嘗試。這爲他們後來投資小說林社做了心理準備和經驗積累。

　　徐兆瑋《癸卯日記》光緒二十九年四月十一日乙未（1903 年 5月 7 日）：「孫希孟函云，寺前新開海虞圖書社，係芝孫、遠生諸人集股，叢報、譯書頗備。」

　　《女子世界》第一期（1904 年 1 月）《海虞圖書館新書出現》廣告中，包括以下各書：《戰爭哲學一斑》，日本井上了圓著，丁祖蔭譯。《近世歐美豪傑之細君》，日本村松樂水著，丁祖蔭譯。《眞興味》，日本笹倉新治著，丁祖蔭譯。小說《海外天》，英國馬斯他孟立特著，徐念慈譯。

1903 年，中國教育會常熟支部成立，徐念慈與丁祖蔭、殷次伊（潛溪）任主持人。

1903 年冬，丁祖蔭母鄒太夫人病逝，丁請蔣維喬爲母親作傳。該篇文章提到丁祖蔭的一些情況，如丁祖蔭父親早逝，由母親撫養長大。

　　蔣維喬《鷦居日記》癸卯年十二月初四日（1904 年 1 月 20 日）：「晚飯後作丁芝孫太夫人鄒節母家傳。

鄒節母家傳

　　辛丑之歲，余識常熟丁君初我於江陰南菁講舍。相見之始，有如夙契，晨夕聚首，相與討論學問，縱談天下事，而知初我爲績學之士也。初我爲人慷慨任俠，痛中國之不振、社會之腐敗，於戊戌年間，即集合同志，創建藏書社，購置新書新報，任人觀覽，以開通風氣。又立常昭小學堂，以教邑中子弟。其公德之美若是。余又信初我爲豪傑之士也。

　　是歲之秋，初我邀余同遊虞山，舍於其家。入其門雍雍然，登其堂肅肅然，家庭和樂，勤儉中度。余始知初我乃少孤，其學問之富、公德之美，慷慨任俠之風，乃悉秉太夫人鄒節母之教也。

　　節母幼而敏慧，好讀書，通曉大義。君先考小亭先生早卒，節母躬操家政，自待極儉，教子以義方。今初我已知名於當世，社會

之士無不知初我。教初我者節母，獨時時勗之曰：國家前途不可知，
於身家乎何有。汝□多爲公共事業，乃吾素志也。烏呼！節母之訓，
奚獨訓初我，亦足爲吾輩之座右箴已。夫嚴師益友，固足賴以增長
學問、培養道德，然不如秉於母教之尤篤且摯。古來聖賢豪傑之成
於母教者，我國歷史所載指不勝屈。蓋其自幼至長，涵育薰陶於有
形無形之間，較諸嚴師益友之效，殆不可以道里計也。況節母之通
大義、明公德，固不斤斤於中國之舊說哉。初我之能盡力於社會宜
奚。

　　癸卯之冬初，節母以病卒，春秋五十有四。初我郵書於余，使
以文傳節母。余固不敢辭也，且附形史之義，以報初我。余尤願初
我益盡力於社會，有以慰節母於地下也。」

　　1903 年末，丁祖蔭、蔣維喬、金松岑三人頻繁通信，應是商量《女子世
界》籌辦事。（見蔣維喬《鶼居日記》1903 年。）

　　1903～1904 年，曾樸在上海經營絲業，獲得了對上海市場的認識，爲後
來投資小說林社積累了經驗。

光緒三十一年甲辰（1904～1905 年）

　　1904 年 1 月，丁祖蔭主編的《女子世界》雜誌開始出版。丁初我主編，
大同印書局發行。《女子世界》是常熟師範研究講習會的機關雜誌。該講習會
下設女子世界社，有十多位女性參加。

　　《時報》甲辰七月十九日（1904 年 8 月 29 日）第二張第六頁「特別調查」
欄《常昭學界之實況》：

　　　　「師範研究講習會。此會係研究教育、實行改革爲宗旨，發起
　　者爲丁君初我、徐君念慈、殷君同甫三人。

　　　　女子世界社。此社亦即講習會所集合，月出一冊！本社女員亦
　　達十餘人以上，今發行第八期矣。

　　　　閱報社。此社亦即講習會諸君所建設，外人有介紹者亦得自由
　　閱看。設在海虞圖書館樓上。

　　《女子世界》創辦初期，原擬由蔣維喬每月擔任論說一篇。金松岑也是
重要撰稿人。

　　蔣維喬《鶼居日記》癸卯年十二月十一日（1904 年 1 月 27 日）：

「午後遣人至大同印書〔局〕，取《女子世界》〔註1〕第一期。一捐
入閱報所，一捐入圖書館。《女子世界》，為常熟丁君芝孫等所創。
余每月擔任論說一篇。晚飯後擬《女子世界》論說，題為《中國女
學不興之害》。」。

《女子世界》創辦初期，蔣維喬積極出謀劃策，建議《女子世界》改良
應添教育、雜錄兩門，丁祖蔭接受了蔣維喬的意見，《女子世界》第五期增添
了教育欄。

　　蔣維喬《鶴居日記》癸卯年十二月十五日（1904 年 1 月 31 日）：
「余先至大同印書局，將論說稿交女子世界社。又捐《女子世界》
一分入愛國女學校。即攜至儀器館，託轉交鍾先生。發丁芝孫函，
囑伊將《女子世界》改良，又得金君松岑信，即覆之。……〔晚間〕
再作函與芝孫，述《女子世界》改良應添教育、雜錄兩門。」

　　在《女子世界》第一期上，丁祖蔭以《女中華》、《急救甲辰年女子之方
法》為名，進行懸賞徵文；並徵求女學調查員，有願意擔任調查員者，以本
年一年雜誌相贈。這兩個措施為《女子世界》爭取到不少稿源，也有益於擴
大雜誌影響。

　　1904 年 7 月，丁祖蔭以所譯三種日文書籍《戰爭哲學一斑》、《近世歐美
豪傑之細君》、《真興味》（海虞圖書館出版）贈送《時報》，並在該報刊登廣
告，可看出他對媒體的熟悉和利用。（丁祖蔭曾給《江蘇》與《知新報》投稿，
很可能也給《蘇報》和《時報》撰過稿。）

　　《時報》1904 年 7 月 3 日「新書介紹」欄《常熟丁初我君近譯
各種新書》：

　　「《戰爭哲學一斑》　日本井上了圓著。以群學之觀念，參戰
爭之消息。闡往知來，尋因責果，亦為天演家之言者也。書凡十四
章。

　　《近世歐美豪傑之細君》　日本村松樂水著。計東西大偉人之

〔註1〕《女子世界》雜誌，常熟女子世界社編，月刊。1904 年 1 月 17 日出版於
　　　上海。一至八期由大同印書局發行。1904 年秋，小說林社在上海成立，所
　　　以《女子世界》雜誌自 1904 年 9 月第九期始，改由小說林社發行。1906
　　　年停刊。該雜誌由丁祖蔭主持，主要撰稿人有蔣維喬、柳亞子、高吹萬等
　　　人。

－272－

夫人，得十三人。以史家之橡筆，寫巾幗之英雄，覺虎虎生氣，遠出鬚眉之上。持以餉吾國女界中人，其庶幾聞風興起乎。

《眞興味》日本笹倉新治著。以心理科學之一派，謀教育發達之勾萌，是能純然成一家言者。以上譯筆均極調鬯，擇言尤雅。昨承各惠一部，敬謝。」

1904 年 7 月，《女子世界》第 7 期出版。

1904 年 7 月，小說林社在籌辦中，曾樸託蔣維喬代請小說林英文譯員，蔣維喬推薦了自己的英文老師吳步雲。

蔣維喬《鷦居日記》甲辰年五月廿五日（1904 年 7 月 8 日）：「曾君孟樸來函，託代請小說林英文譯員，已薦吳君步雲。」

吳步雲，江蘇吳縣人，南洋公學畢業。曾是蔣維喬的英文教師，後經蔣介紹給曾樸，入小說林社擔任英文譯員。爲小說林社翻譯了偵探小說《一封書》（上卷甲辰十一月、下卷乙巳二月）、《彼得警長》（上中卷丙午正月，下卷丙午四月），豔情小說《女魔力》（上卷乙巳五月、中卷乙巳六月、下卷丙午二月）、《萬里駕》（上卷乙巳六月、中下卷乙巳十一月），共四種 11 本。吳在小說林社出版最後的出版物是丙午年四月（1905 年 5～6 月）的《彼得警長》下卷。而陳鴻璧於丙午年七月（1905 年 8 月）在小說林社出版《蘇格蘭獨立記》卷一，很可能吳步雲於 1905 年夏離開小說林社，由陳鴻璧接替。

吳步雲後入商務印書館，擔任《英文雜誌》主編（創刊於 1915 年），署名吳繼杲。後來患肺結核去世。他還是商務《辭源》和《英華日用字典》的編者。

1915 年入商務的周越然在《我與商務印書館》（《商務印書館九十五年》171 頁，商務印書館 1992 年版）說到當時編譯所英文部中有吳步云：「當時英文部中，除部長鄺君外，有同事徐閏全、甘永龍、吳步雲、張叔良、邱培枝等君。」

唐錦泉《商務印書館附設的函授學校》（《商務印書館九十五年》657 頁，商務印書館 1992 年版）提到：「英文部尚有徐潤全、甘作霖、吳繼杲、張叔良（世鎏）、周越然等。徐潤全畢業於聖約翰大學，甘作霖、吳繼杲、張叔良三人均畢業於南洋公學（交大前身）。吳繼杲主編《英文雜誌》……吳繼杲患肺結核去世，後又聘請大同大學

教授平海潤到編譯所英文部主編《英文雜誌》（後由胡哲謀主編）。」

（吳步雲入商務及擔任《英文雜誌》主編一事，承蒙商務印書館陳應年先生告知，特表感謝。）

1904年7～8月，小說林社籌辦中，下列四種書出版，出版日期均標為「甲辰六月」。即：

《啞旅行》上卷，日本末廣鐵腸著，昭文黃人譯述。

《秘密使者》上卷，法國迦爾威尼（即凡爾納）著，吳門天笑生（即包天笑）譯述。

《新舞臺》一編，日本押川春浪著，昭文東海覺我（即徐念慈）譯述。

《福爾摩斯偵探案大復仇》，華生筆記，奚若譯，黃人潤辭。

1904年8月，《女子世界》第8期出版。

1904年8月11日，周作人首次在《女子世界》雜誌第八期開始連載小說譯作《俠女奴》（署「萍雲女士述文」），該小說分四次刊完。（《女子世界》第八、九、十一、十二期）周作人為此得到十一本《女子世界》雜誌和四本小說的報酬。

《周作人日記》（大象出版社1996年版，403、404、409～411頁）：甲辰十二月十五日（1905年1月20日）終日譯《俠女奴》，約得三千字。

甲辰十二月十八日（1905年1月28日）寄時報館、三弟、採卿、丁初我四函，附譯文四紙。

乙巳二月初拾日（3月15日）得丁初我函，言《俠女奴》事，云贈報一年（去冬即云，以予堅辭中止，然終不肯免。云十五左右可到。）

二月十四日（3月19日）譯《俠女奴》竟，即抄好，約二千五百字。全文統一萬餘言，擬即寄。

二月十六日（3月21日）寄初我信，附小說四紙，已完。

三月初二日（4月6日）上午收郵局小包收據一紙，下午收到上海女子世界社寄信並《女子世界》十一本，增刊一冊，《雙豔記》，《恩仇血》、《孽海花》各一冊，夜閱竟三冊。

1904年秋，徐念慈、丁祖蔭、朱積熙等人創辦競化女學校，這是常熟最

早的女學堂。校舍暫設在徐念慈家。徐念慈任教師。夫人朱氏管理庶務。

1904 年 8 月 26 日，小說林社聘請吳步雲爲英文翻譯，於本日訂聘約。

> 蔣維喬《鷦居日記》甲辰年七月十六日（1904 年 8 月 26 日）：
> 「常熟曾君孟樸、丁君芝孫創辦小說林社，委爲代聘英文翻譯。余
> 薦吳君步雲，於是日訂聘約。」

1904 年 9 月 19 日，小說林社正式對外發行。創辦人「孟芝熙」，是曾樸
（字孟樸），丁祖蔭（字芝孫），朱積熙（字遠生）三人的合稱。從第十期起，
《女子世界》交由小說林社發行。

> 《時報》1904 年 9 月 19 日第一張第一頁廣告《小說林新書出
> 版》：
> 「本社專售東西洋小說出售。茲先出書四種，以後逐月遞印。
> 本月初十日爲發行第一日，讓價二日。門市概售九折，目錄列左：
> 《啞旅行》定價大洋四角五分，《秘密使者》五角，《新舞臺》五角，
> 《大復仇》三角。總發行所在上海四馬路望平街口。小說林啓。」

同一天（1904 年 9 月 19 日），常熟琴南學社所辦的《江蘇白話報》創刊。
挽瀾（俞天憤）在該刊第 1 期上發表《身外身》。這是學者稱爲較可靠的中國
第一部偵探小說。俞天憤是小說林社的作者之一（他於 1904 年在該社刊行《法
國女英雄彈詞》，並在《女子世界》第八期發表《同情夢傳奇》。）

> 《江蘇白話報》，1904 年 9 月在江蘇常熟創刊。月刊，琴南學
> 社編輯及發行。有論說、教育、實業、雜誌等欄目，報導中外大事，
> 宣傳愛國救亡。現存人大圖書館等處。

> 俞天憤（1881～1937），江蘇常熟人，原名承萊，字綵生，號
> 懺生。1881 年生，俞金門之子。辛亥前即著有《法國女英雄彈詞》，
> 後又有長篇小說《二月春風》、《中國偵探談》出版。在偵探小說方
> 面開創新路，並有短篇小說幾十篇。曾任《鳴報》、《常熟日日報》
> 編輯。父死時囑天憤不再浪費筆墨爲小說家言，從此輟筆。晚年皈
> 依佛教。1937 年 12 月死於避寇途中，享年 56 歲。

1904 年 9～10 月

在該社的《無名之英雄》上冊（法國迦爾威尼著，吳門天笑生譯述）書
後，刊有下列廣告，這是筆者所見的最早的小說林社廣告，該廣告表明小說

林社出版小說意在「輸灌文明，開通風氣」，其中也有著小說林社最早的出版
計劃。全引如下：

小說林之趣意

黑暗世界，永永陸沉，開明社會，尸功小說。本社以輸灌文明、
開通風氣爲主要。特與海內通人訂約著譯，次第出版。今將已印及
付印各書布告如左：

已出版各書：《秘密使者》、《新舞臺》、《啞旅行》上卷，《大復
仇》，《軍役奇談》，《恩仇血》，《無名之英雄》上卷，《雙豔記》，《法
國女英雄彈詞》。

付印各書：

《福爾摩斯再生後第二三四五案》

華生筆記，元和奚若譯意。福爾摩斯與莫掌教同死山內，爲閱
書者所共惜。不意曾無幾時，莫被擒，福未死。事跡之奇，宛如天
外飛來。本社先將再生後之第二三四五案付印，閱者得其大概，並
歎其心思手段之愈爲敏捷，迴異前日也。其第一案則當詳細勘定後
再行付印。

《破乾坤》，原名《文明之大破壞》。

《離恨天》，述波蘭二次分割後事。

《梅花郎》，法蘭西偵破小說。

《美人妝》

待印各書：

《銀行之賊》、《法蘭西之血》、《天國人》、《空氣世界》、《大幻
燈》、《法螺先生》、《新法螺先生》、《波濤魂》，餘書續布。

（按：以上廣告中的《破乾坤》、《梅花郎》、《法蘭西之血》、《天
國人》、《空氣世界》、《大幻燈》、《波濤魂》幾本書，後來均未出版。
這裡能看得出小說林社約稿的痕跡：約的稿子作者後來沒有寫，或
者寫了但不合格，所以嗣後沒有出版。）

1904 年 11～12 月，該社的《美人妝》（女子世界增刊，昭文東海覺我講
演）書後廣告中，第一次出現小說林社的宗旨以及小說類型名稱，全引如下：

小說林廣告

泰西論文學，推小說家居首，誠以改良社會，小說之勢力最大。

我國社會黑暗甚矣，而舊小說之勢力，實左右之。邇年始稍稍有改革小說界之思想，然羼雜蕪穢，又居半數。本社爰發宏願，鈴鐸同胞，先廣購東西洋小說數百種，延請名人翻譯，復不揣檮昧，自造新著，或改良舊作，務使我國小說界，範圍日擴，思想日進，由翻譯時代而進於著作時代，以與東西諸大文豪，相角逐於世界，而於舊社會亦稍稍有影響焉，是本社創辦之宗旨也。今擬月出書五六種，首尾完具，版片如一，彙集巨軼，即成叢書。海內外同志，當有拭目而歡迎者。

　　茲將本社初版續印各書列後

　　社會小說　　啞旅行

　　軍事小說　　新舞臺

　　偵探小說　　恩仇血　　金一潤辭

　　偵探小說　　大復仇　　奚若譯

　　偵探小說　　奇獄一　　林蓋天譯

　　地理小說　　秘密使者

　　軍事叢談　　軍役奇談

　　豔情小說　　雙豔記

　　英雄小說　　無名之英雄

　　言情小說　　福爾摩斯再生第一案　　第二三四五案　　第六七八案

　　歷史小說　　法國女英雄彈詞

　　續印各書：

　　偵探小說　　一封書

　　豔情小說　　離恨天　　薛蟄龍譯

　　科學小說　　禽獸世界

　　偵探小說　　銀行之賊

　　科學小說　　法螺先生

　　歷史小說　　孽海花　　先出十回，此書以我國唯一名妓賽金花為主人翁，而全書包含近數十年新舊社會歷史，奇絕快絕。

　　代售各書：

　　眞興味　　丁初我譯

　　海外天　　徐念慈譯

　　戰爭哲學一斑　丁初我譯

　　歐美豪傑之細君

　　張伯倫

　　樂府傳聲

　　國民唱歌　金一著

　　女子世界　全年二元　零冊二角　現已發行第九期，內容增
富，趣味滋深，我國女界唯一之雜誌。

　　（按：本廣告中，第一次出現幾種小說類型的名稱，看得出來，
小說林社的小說類型觀還不夠明確成熟。如《無名之英雄》被稱作
「英雄小說」，後來歸入國民小說。另外，其中的科學小說《禽獸世
界》，後來未出版。）

　　1904 年 11 月，蔣維喬推薦謝愼冰的《銀行之賊》給丁祖蔭。該書於乙巳
三月出版。

　　　蔣維喬《鶴居日記》甲辰年十月初四日（1904 年 11 月 10 日）：
「寄仁冰譯《銀行之賊》小說與芝孫」。

本年出版志

甲辰一月

　　《女子世界》雜誌第二期出版

甲辰二月

　　《女子世界》雜誌第三期出版

甲辰三月

　　《女子世界》雜誌第四期出版

甲辰四月

　　《女子世界》雜誌第五期出版

甲辰五月

　　《女子世界》雜誌第六期出版

甲辰六月（1904 年 7～8 月）

　　《啞旅行》上卷，日本末廣鐵腸著，昭文黃人譯述。

　　《秘密使者》上卷，法國迦爾威尼（即凡爾納）著，吳門天笑生（即包

天笑）譯述。

　　《新舞臺》一編，日本押川春浪著，昭文東海覺我（即徐念慈）譯述。

　　《福爾摩斯偵探案大復仇》，華生筆記，奚若譯，黃人潤辭。

　　《女子世界》雜誌第七期出版

　甲辰七月（1904 年 8～9 月）

　　《軍役奇談》，英國脫馬斯加泰著，陶韶且譯述。（此書只出過一版，可能因銷量不好，且為雜記，並非小說。）

　　《福爾摩斯偵探案恩仇血》，華生筆記，震澤陳彥譯意，吳江金一潤詞。《大復仇》與《恩仇血》其實是同一種書，今譯《血字》，只是內容稍有不同。據《小說林書目》，二書後來合併為《福爾摩斯偵探案第一案》，於丙午七月再版。合併後的書筆者未見。同一種書在短短的一二月中重複翻譯，可看出小說林社在創辦初期稍有忙亂。

　　《女子世界》雜誌第八期出版

　甲辰八月（1904 年 9～10 月）

　　《法國女英雄彈詞》，挽瀾詞人（俞天憤）著。

　　《秘密使者》下卷，法國迦爾威尼（凡爾納）著，吳門天笑生譯述。

　　《無名之英雄》上卷，法國迦爾威尼著，吳門天笑生譯述。

　　《女子世界》雜誌第九期出版

　甲辰十月（1904 年 11～12 月）

　　《美人妝》，東海覺我講演，此書為《女子世界》增刊。

　　《雙豔記》，英國佛露次斯著，社員編。

　甲辰十一月（1904 年 12 月～1905 年 1 月）

　　《一封書》上冊　英國麥孟德著　洞庭吳步雲譯述。

　　《奇獄》一（原名歐美探偵史），美國麥枯滑特爾著，丹徒林蓋天譯述。

　甲辰十二月（1905 年 1 月～1905 年 2 月）

　　《福爾摩斯再生第一案》，華生筆記，上海周桂笙譯。

　　《福爾摩斯再生第二三案》，華生筆記，元和奚若譯述，武進蔣維喬潤詞。

　　《福爾摩斯再生第四五案》，華生筆記，元和奚若譯述，武進蔣維喬潤詞。

　　本年出版志總結：小說林社創辦初期，基本上屬於同人性質的出版社，

社會來稿很少。

光緒三十一年乙巳（1905～1906 年）

1905 年 2～3 月，《孽海花》一編出版，愛自由者（金松岑）發起，東亞病夫（曾樸）編述。

1905 年 3 月，徐兆瑋介紹唐海平的譯作《小公子》（署名：小說林社員，上卷 1905 年 8 月出版，下卷 1905 年 11～12 月出版。）給丁祖蔭，從而售給了小說林社，譯費每千字一元五角。

> 徐兆瑋《劍心移乙巳日記》光緒三十一年正月二十七日（1905年 3 月 2 日）：「唐海平二十四日來，囑寄其所譯之《小公子》一回與丁芝孫，詢小說林中要購否。」

> 二月初四日丁未（3 月 9 日）：「丁芝生〔孫〕覆函云：《小公子》一書，可售於小說林，譯費每千字計洋一元五角。即將譯稿寄肅青叔交海平，因肅青叔於日內至太倉，可與海平會晤也。」

1905 年 4 月 15 日，小說林社得到了官方的版權保護。

> 該社的《車中美人》（1905 年 11～12 月出版）書後廣告：

> 欽命二品頂戴江南分巡蘇松太兵備道監督江海關袁　為給示諭禁事：據職商孟芝熙稟稱：竊職等以輸灌文明、開通風氣，推小說為最，爰糾合同志，集有成欵，擇歐美小說中之新奇而宗旨正大者，繙譯成書，增進國民智識，以輔教育之不及。租定上海棋盤街房屋，定名小說林，陸續付印，平價出售。誠恐書賈射利翻印，或增損字句、改換名目，希圖朦混；嗣後凡本社印行，不准他人翻刻。除另稟商務局憲外，稟求准予立案，出示嚴禁翻印，並請札敕縣廓，一體示禁，並照會租界領袖總領事立案，以重板權。並具切結聲明，所著《雙艷記》、《美人妝》、《福爾摩斯再生一案》、《福爾摩斯再生二三案》等書，委係自行編輯，並無翻印情弊，如有朦混，願甘罰辦，等情各到道。據此，除批示分行縣廓一體立案外，合行給示諭禁。為此仰書賈人等，一體知悉，毋得將小說林陸續所印各書翻刻漁利；如敢故違，一經查出，定行究罰不貸。其各凜遵，切切。特示。

> 光緒三十一年三月十一日

1905 年 6～7 月，周作人譯作《玉蟲緣》（美國安介坡著，碧羅譯述，初我潤詞）在小說林社出版，這是周作人首次在小說林社出版的小說單行本，也是周作人一生中第一次發表單行本作品。此書的底本是 Edgar Allan Poe 的 *The Gold-Bug*。周作人譯文原名《山羊圖》，丁祖蔭改為《玉蟲緣》。周作人沒有為此得到金錢形式的稿酬，而是得到了五十部書。

　　《周作人日記》（408～409、412 頁）：乙巳年正月十四日（1905 年 2 月 17 日）譯《山羊圖》美人坡原著竟，約一萬八千言。

　　正月廿一日（2 月 24 日）　抄《山羊圖》短篇小說竟。

　　正月廿四日（2 月 27 日）　寄丁初我信，又小說稿一卷，又家信。

　　二月初四日（3 月 9 日）　得初我復書，允其五十部見酬。

　　三月廿九日（5 月 3 日）　接初我廿六日函，云《山羊圖》已付印，易名《玉蟲緣》，又云《俠女奴》將印單行，有所入，即以補助女子世界社，下午予作函允之。

1905 年 6～7 月，周作人譯作短篇小說《女獵人》在《女子世界》雜誌第十三期發表。

　　《周作人日記》（411 頁）：乙巳三月十三日（1905 年 4 月 17 日）　作短篇小說《女獵人》一首。

1905 年 7 月，徐念慈《新法螺先生譚》出版，這是我國最早的科學小說之一。

1905 年 8～9 月，《孽海花》二編出版。

1905 年 11 月，小說林將曾樸妹夫吳斯千的東亞改良印書館盤下，添設印刷、編輯部。印刷部除印刷本社出版物外，也對外承印。如《月月小說》的最初四期便是在小說林社印刷所印刷的。該所具有極其先進的設備，具有「銅模大號印機，精製鉛字鉛條」，能夠進行「五色石印，銅版插畫」。小說林社的出版物大多印刷極其精美，尤其是封面色彩鮮麗，與其精良的設備是分不開的。印刷所規模甚大，除印刷本社書籍外，還對外承攬業務。《月月小說》的最初四期便是由小說林社代印的。該印刷所的成立，對於小說林社業務的擴展影響很大：有了自己的印刷所，不僅方便本社圖書的印刷，而且有利於控制印刷質量，

　　1905 年 10 月 27 日《時報》廣告：

東亞印書館告白

本館主人因有別就，盤歸小說林社經理。所有一切帳目準於十月初三日來局清結，幸勿自誤。此布。

1905 年 11 月 2 日《時報》廣告：

小說林社添設印刷、編輯部廣告

本社於初三日將東亞印書館盤歸本社，前東亞改良印書館與各處往來交涉，統歸原主人聲明登報清理，與本社無涉。本社添設印刷所後，一切整頓，置備銅模大號印機，精製鉛字鉛條，承印中西書籍，單張零件，各色花樣俱全，代辦各種紙張，五色石印，銅版插畫，格外從廉，以廣招徠，定期出貨，決不有誤。貴客賜顧，請移玉本帳房面議。海內同志翻譯著述各種小說，願歸本社印行者，即將原本、譯稿面交或函寄本社，以便先訂。不合者按址奉還。特此廣告。

小說林社盤下東亞印書館後，添設編輯部和印刷部，發行部仍然在棋盤街中市。從此小說林社三所（總編譯所、總發行所、印刷所）分立，具有了現代出版機構的規模，事業更加蒸蒸日上。

編譯所主要負責書刊的出版編輯，是小說林社的最主要部門。發行所仍舊設在棋盤街，那是著名的文化街，各大書局的發行部都設在那裡。發行所除了發行本社書籍外，還對外代辦發行，並銷售文具儀器等。

1905 年 11～12 月，隨著業務的拓展，小說林社準備讓自己的出版事業呈現全新的面貌：確立了自己的小說分類觀。十二種小說類型的確立，既是一種商業銷售手段；也有從自己做起，為小說翻譯界定秩序的意圖；更有為向本社投稿者確立方向的目的。1905 年 11～12 月出版的《車中美人》書後廣告，是筆者所見最早的關於十二種小說類型的廣告，鑒於該廣告體現的思想，對於小說林社意義重大，全引如下。

謹告小說林最近之趣意

本社刊行各種小說，以稗官野史之記載，寓誘智革俗之深心，荷蒙海內同志推行日廣，且時加箴規，以為前途發達之預備，本社不勝感佩。惟譯著紛出，非定題問，則陳陳相因，將來小說界必有黯淡無光之一日。同人懼焉，爰將已印未印各書，重加釐訂，都為

十二類，其無所取意者，絕版不出。值此競爭劇烈之漩渦，竊附於
寓言諷世之末座，博雅君子或有取焉。

歷史小說（誌以往之事迹，做未來之模型。見智見仁，是在讀者。）
〔註2〕

　　　　《孽海花》一編　五角　二編　五角　三編　著作中

　　　　《女英雄彈詞》　一角三分

　　　　《俠奴血》（一名《西印度懷舊記》）　印刷中

　　　　《印度魂》（一名《身毒叛亂記》）　印刷中

　　　　《海天嘯傳奇》印刷中

　　　　《風洞山傳奇》印刷中

地理小說（北亞荒寒，南非沙漠，《廣輿》所略，爲廣見聞。）〔註3〕

　　　　《秘密使者》上下卷　各四角

　　　　《揮汗談》（一名《非洲探險記》）　著作中

科學小說（啓智秘鑰，闡理玄燈。）〔註4〕

　　　　《秘密海島》　上卷　四角半　中卷　四角半　下卷　印刷中

　　　　《黑行星》　一角半

　　　　《海底庫》　譯述中

軍事小說（尚武精神，愛國汗血。觀陸海戰史，奕然有生氣。）〔註5〕

　　　　《軍後奇談》

　　　　《新舞臺》一　《新舞臺》二　四角　三　譯述中

偵探小說（變形易相，偵察鈎稽，爲小說界新輸入者。）〔註6〕

　　　　《福爾摩斯偵探第一案》印刷中

　　　　本社創辦伊始，譯員未曾訂明，致將一案分出兩冊，茲特重加
釐定，大加筆削，合成一冊，首尾俱完具，識者諒之。

〔註2〕 此類目下的所有作品，都得以出版。但到小說林社歇業的時候，未增加新作。
〔註3〕 此類目下的《揮汗談》，後來未出版。到小說林社歇業時，此類目下只有《秘密使者》一種，未增加新作。
〔註4〕 此類目下的《海底庫》，到小說林社歇業時，未出版。後亦未增加新作。
〔註5〕 此類目下的《軍後奇談》，爲《軍役奇談》之誤，後絕版。本類目到小說林社歇業時，亦未增加新作。
〔註6〕 此類目下標明「譯述中」的《男裝偵探》，到小說林社歇業時，未出版；《女裝偵探》，即小說林目錄中的《鏡中人》。此類目到小說林社歇業時，又增加若干新作。

《福爾摩斯再生第一至五案》合本

（分本）第一案　二角　第二三案　二角　第四五案二角

《福爾摩斯再生第六至十案》合本

（分本）第六七八案　二角半　第九十案　二角

《銀行之賊》三角

《一封書》上卷三角　下卷三角半

《日本劍》上卷四角　下卷　印刷中

《一捻紅》　　譯述中

《男裝偵探》　譯述中

《女裝偵探》　譯述中

《秘密隧道》　印刷中

《纖手秘密》　譯述中

《髑髏杯》　　印刷中

《彼得警長》　印刷中

《女首領》　　譯述中

《馬丁休脫偵探案》第一至十案　　印刷中

本編爲美國大偵探馬丁休脫輯案，事與福爾摩斯探案齊名，委譎奇突，別開生面，定爲閱者所歡迎也。

《奇獄》一　　二角

《母夜叉》　　四角

《玉蟲緣》　　三角

言情小說（疾風勁草，滄海巫山，世態寫眞，人心活劇。）〔註7〕

《影之花》上卷　　四角半

《銀山女王》上卷　四角　　中卷　四角

《愛河潮》　印刷中

《萬里駕》上卷　　四角　　中卷　下卷　印刷中

《女魔力》上卷　　四角　　中卷　三角半　下卷　印刷中

《雙豔記》三角半

《離恨天》上下卷　　各三角

〔註7〕　此類目中的《鴻巢記》，後歸入「家庭小說」。到小說林社歇業時，此類又增加若干新作。

《妒之花》　四角

《美人妝》

《車中美人》　二角半

《鴻巢記》　譯述中

《狸奴角》三角半

國民小說（三色之旗，獨立之門，洛鐘其應，是在銅山之崩。）〔註8〕

《無名之英雄》上卷　四角半　中卷　四角　下卷　四角

《獨立潮》（一名《蘇格蘭獨立記》）　譯述中

家庭小說（家庭教育，首重幼稚。盧叟柏氏，咸以小說著名教育界。）

〔註9〕

《小公子》　上卷四角　下卷印刷中

社會小說（有種種現象，成色色世界，具大魔力，超無上乘。）〔註10〕

《俠女奴》　三角

《啞旅行》　三角半

《黃金世界》譯述中

《禽獸世界》譯述中

冒險小說（偉大國民，冒險精神。魯敏孫歟，倣樸頓歟？雁行鼎足。）

〔註11〕

《海外天》（版權歸本社）　四角

《無人島》　譯述中

神怪小說（希臘神話，埃及聖迹。歐西古俗，以資博覽。）〔註12〕

《海屋籌》　譯述中

滑稽小說（曼倩、淳于，著名昔史：詼諧談笑，繼武后塵。）〔註13〕

《新法螺》三角

〔註8〕　此類目到小說林社歇業時，增加《劍膽琴心錄》和《俠英童》二種作品。

〔註9〕　原在言情小說類目下的《鴻巢記》，後調入此類目。到小說林社歇業時，此類目未增加新作。

〔註10〕　此類目中的《禽獸世界》，一直到小說林社歇業，亦未出版。此類目後增加二種新作。

〔註11〕　此類目中的《無人島》，一直到小說林社歇業，亦未出版。到小說林社歇業時，此類未增加新作。

〔註12〕　此類目到小說林社歇業時，未增加新作。

〔註13〕　此類目到小說林社歇業時，未增加新作。

《大除夕》印刷中

上海新馬路福海里小說林社印刷編輯部啟。

1905年，小說林社經營狀況良好，盈利率達百分之一百四十。

徐兆瑋《燕臺日記》光緒三十二年九月二十八日（1906 年 11 月 14 日）：「晤芝孫後至小說林印刷所，與孟樸暢談，雙南亦來。……孟樸因小說林結帳事，談簿計學甚詳。以詞章專家而役役於簿書，可謂勇於改轍矣。小說林頗獲利，去年每千贏四百多，今年每千贏三百多云。」

本年出版志

乙巳正月

《孽海花》一編出版，愛自由者（金松岑）發起，東亞病夫（曾樸）編述。

《女子世界》雜誌第十期出版

乙巳二月

《一封書》下卷，英國麥孟德著，洞庭吳步雲譯述。

《女子世界》雜誌第十一期出版

乙巳三月

《俠女奴》，萍雲譯述，初我潤詞。

《銀行之賊》（美國偵探叢話之一），謝懺冰譯。

《離恨天》上卷，吳江薛俠龍著。

《無名之英雄》中卷，法國迦爾威尼著，吳門天笑生譯述。

乙巳四月

《秘密海島》上卷，法國焦士威奴著，元和奚若譯述，武進蔣維喬潤詞。

《銀山女王》上卷，日本押川春浪著，摩西譯補。

《母夜叉》，小說林總編譯所譯。按：著者名未標，據樽本照雄《新編增補清末民初小說目錄》，作者為法國朱保高比（Fortune du Boisgobey，1821～1891）。

《女子世界》雜誌第十二期出版

乙巳五月

《秘密海島》中卷，法國焦士威奴著，元和奚若譯述，武進蔣維喬潤詞。

《新舞臺》二編，日本押川春浪著，昭文東海覺我譯述。

《離恨天》下卷，吳江薛俠龍著。

《玉蟲緣》，美國安介坡著，碧羅（周作人）譯述，初我潤詞。

《日本劍》上卷，英國屈來珊魯意著，沈伯甫譯意，黃摩西潤詞。

《女魔力》卷上，英國奇孟著，洞庭吳步雲譯述。

《女子世界》雜誌第二年第一期（第十三期）出版

乙巳六月

《女魔力》中卷，英國奇孟著，洞庭吳步雲譯述。

《影之花》上卷，法國嘉祿傅蘭儀著，競雄女史譯意，東亞病夫潤詞。

《萬里駕》上卷，英國婆斯勃著，洞庭吳步雲譯述。

《銀山女王》中卷，日本押川春浪著，摩西譯補。

《妒之花》，英國洛克司克禮佛著，社員（實際是金松岑）編。

《無名之英雄》下卷，法國迦爾威尼著，吳門天笑生譯述。

《法螺先生譚》、《法螺先生續譚》，日本岩谷小波譯，吳門天笑生譯述；《新法螺先生譚》，昭文東海覺我戲撰。

乙巳七月

《黑行星》，美國西蒙紐加武著，東海覺我譯述。

《小公子》上卷，小說林社員譯。（據徐兆瑋日記，譯者爲留日學生唐海平）

乙巳八月

《孽海花》二編，愛自由者發起，東亞病夫編述。

《女子世界》雜誌第二年第二期（第十四期）出版

乙巳十一月

《俠奴血》，法國囂俄著，吳門天笑生譯述。

《愛河潮》上、中、下，英國哈葛德著，元和奚若譯，武進許毅述。

《萬里駕》中、下卷，英國婆斯勃著，洞庭吳步雲譯述。

《車中美人》，小說林社員譯。

《秘密海島》下卷，法國焦士威奴著，元和奚若譯述，武進蔣維喬潤詞。

《小公子》下卷，小說林社員（據徐兆瑋日記，爲留日學生唐海平）譯。

《狸奴角》，果盤著，飯囊譯，乙巳十一月再版，初版應該也在乙巳年。

乙巳十二月

《馬丁休脫偵探案》一，英國瑪利孫著，元和奚若譯。

《海天嘯傳奇》（一名《大和魂》），江陰劉鈺譯。

《女子世界》雜誌第二年第三期（第十五期）出版

本年月份不詳

《海外天》，英國馬斯他孟立特著，東海覺我譯。（1903 年由海虞圖書館初版，後來版權贈與小說林社。筆者未見小說林社版本，據《時報》廣告推測，小說林社初版在乙巳年末。）

《福爾摩斯再生六七八案》，華生筆記，元和奚若譯述，武進蔣維喬潤詞。

《福爾摩斯再生九十案》，華生筆記，上海周桂笙譯述。

本年出版志總結：一直到 1905 年底的時候，小說林社基本上是一個同人性質的出版社。出版物大多是核心成員的稿子或者是由核心成員推薦的稿子，外來稿極少。

光緒三十二年丙午（1906～1907 年）

1906 年 4～5 月，《雁來紅叢報》出版第一期。編輯者：常熟人黃人、孫景賢、張雙南。其時，三人都在東吳大學。徐兆瑋爲《雁來紅叢報》提供自己珍藏的明季史料，也在編輯出版方面發表了不少意見。曾樸不肯代爲發行《雁來紅叢報》，可能是怕其中的明季史料太敏感，觸怒當局。

徐兆瑋《燕臺日記》光緒三十二年二月三十日（1906 年 3 月 24 日）：「孫希孟二十日函云：……摩師合股辦說部叢報，頗欲得大著，藉光簡軼。特囑走筆致意，未審得允許否？」

三月初四（3 月 28 日）云：「與孫希孟書云：摩西叢報條例若何？能集成公司否？弟此書尚未寫定，摩西事若成，盡可付彼，候來示定奪。」

三月十一日（4 月 4 日）云：「雙南已受東吳大學堂聘爲國文正教習，每年四百金，一月可告假一禮拜，係摩西介紹，於昨日赴蘇開校矣。」

閏四月初七日（5 月 28 日）條云：「張雙南廿九日函云：《雁來紅》第一期今日另封郵寄，望並查收。」

閏四月十一日（6 月 2 日）條云：「與張雙南書云：……摩西以叢書為叢報，甚善。惟校對未精，且書之與報銷售大有差等：此種若印成單本，亦可暢銷；一名為報，讀者有未完之憾，而經售者存拖欠之心。何不仿叢書體例，以十種為一集，可分可合，既便流通孤本，且能周轉母金。此中利害，不可不明辨析也。」

閏四月十三日（6 月 4 日）云：「孫希孟初一日函云：聞得《雁來紅》已由雙南緘奉矣。明史一獄，首期即從《南潯志》錄登，景賢尚嫌其拾獺官書，別無新得。而小說林因此恐違礙獲咎，不肯代為發行。孟樸達人，亦復爾爾，可異也。」

五月二十六日（7 月 17 日）云：「與孫希孟書云：《雁來紅》第一期已閱，第二期以下足下能覓寄否？該款回里面繳。」

六月二十三日（8 月 12 日）云：「孫希孟十一日函云：……《雁來紅》四冊寄奉，忠宣一疏即盼鈔惠。比日搜考，得東潤事跡，已錄成一大冊，明季服飾、器玩亦得數十條，皆《繡林記》中資料也。」

七月初六日（8 月 25 日）云：「閱《雁來紅》叢報五冊，一期至五期。」

七月初十日（8 月 29 日）云：「與孫希孟書云：兩書均收到，集句亦照改，惟汪衮甫以其詩有忌諱，不肯付梓。予勸用別號，而衮甫又不願，此與孟樸不肯印《雁來紅》同一通人之蔽也。倘衮甫決行此意，虹當攜至滬上印行，雲瓿亦同虹意也。付梓之議，衮所創也。彼甚珍惜其詩，急欲表襮，而又恐盛名之下，或有鬼蜮，以是集矢於彼者，事固難料。若吾輩泯泯無聞，則彈射所不及，大可言論自由，可見名之一字有時而為患也。《雁來紅》六期起，如已續出，望仍購寄。」

十二月二十七日（2 月 9 日）云：「張雙南已下鄉，留函云：黃崖案足下所聞近事，望詳為開示。尊處有小種孤本，並祈撿出數種，新正到申，擬即彙刊。」

1906 年 6 月 26 日，蔡元培和小說林社總編輯徐念慈及商務印書館編輯蔣維喬吃飯。

　　　　《蔡元培全集・日記》（浙江教育出版社 1998 年版）一九〇六
　　年五月初五曰：訪伯昭、竹莊、練如、念慈、秋帆、孝天，並晤錫
　　理，知已辭樂群。

　　　　　　注：很可能由於徐念慈在愛國女學擔任義務教科，所以蔡元培
　　　　認識他。

　　1906 年 7 月 19 日，蔡元培向丁祖蔭祝賀生日。

　　　　　　《蔡元培全集・日記》一九〇六年五月二十八日：壽芝蓀。

　　1906 年 7 月，魯迅短篇譯作《造人術》（署名「索子」）發表於《女子世
界》第二年第四、五期（第十六、十七期合本）。

　　1906 年 7～8 月，小說林社的小本小說叢書出版第一集第一種《孤兒記》，
作者平雲，實爲周作人筆名。此書半作半譯。周作人得到二十元稿酬，這是
他人生中第一筆稿酬。

　　1906 年 7～8 月出版的《女首領》下卷（英國媚姿女史著，支那井蛙譯述），
書後有小本小說叢書的廣告，這是筆者所見最早的小說林社小本小說叢書廣
告。

謹告最新發行小本小說之趣意

　　　　本社編著小說荷蒙大雅不棄，風行一時，事迹之離奇，筆墨之
　　簡潔，久爲識者推許。但舟車攜帶，時有以不便忠告本社者。爰擇
　　若干種，仿叢刊之例，都爲十集，每集八種，訂成洋裝精本袖珍小
　　冊，以供諸君酒後茶餘、公暇課罷作一消遣法，殆亦海內社會所歡
　　迎焉。

　　1906 年 8～9 月，陳鴻璧所譯《蘇格蘭獨立記》第一冊出版。在該書出版
前幾個月，吳步雲離開小說林社，陳鴻璧成爲小說林社新的專任譯員。

　　1906 年，包天笑來到上海，同時兼《時報》編輯和小說林社編輯。小說
林付其薪資爲每月四十元，稿費另計，每千字二元。

　　　　　　包天笑《釧影樓回憶錄》（香港：大華出版社 1971 年版，323
　　～325 頁）云：「剛到上海，住在旅館裏，曾孟樸就託徐念慈來訪問
　　我了，便是商量請我到『小說林編譯所』去。單寫小說，便不必一
　　定要到編譯所去，當時已流行了計字數酬稿費的風氣了。但是他們
　　還要我去幫助他們看稿子與改稿子，那就非去不可了。因爲小說林

登報徵求來的稿子，非常之多，長篇短篇，譯本創作，文言白話，種種不一，都要從頭至尾，一一看過，然後決定收受，那是很費工夫的事。還有一種送來的小說，它的情節、意旨、結構、描寫都很好，而文筆不佳，詞不達意，那也就有刪改潤色的必要了。

我也告訴了他們進入時報館的事，待時報館的事定局了，再接受小說林的事。再則我那時房子也沒有租定，住在旅館裏，紛亂如麻，未能決定。及至時報館事定局了，我覺得反正上半天沒有事，便接受小說林的事。我們規定上午九點鐘至十二點鐘，星期休假（報館是星期不休假的），他們每月送我四十元，我也很爲滿意。我有了時報館的八十元，再加上小說林的四十元，每月有一百二十元的固定收入，而我的家庭開支與個人零用，至多不過五六十元而已，不是很有餘裕嗎？

況且我還有寫小說的額外收入呢……在時報館（有正書局）及小說林兩個基本地方，仍作每千字兩元算。

1906 年 9 月 19 日，小說林社成立二週年之際，增設宏文館，專門發行詞典和參考書。

1906 年 8 月 12 日《時報》廣告：

小說林社紀念開業二週年，祝賀增設宏文館成立，屆期特別廉賣。

敝社本寓言諷世之深心，刊行各種小說，荷蒙海內同志信用風行，開業以來，日益隆盛。同人愧無以酬雅意，八月初十日爲本社兩週年成立之期，公議特別廉賣，以爲本社紀念。且慨祖國積弱，值競爭漩渦，非昌明學術不足以自立，特組織增設宏文館，編譯學堂社會需用教科參考各種有用書籍，以爲學界蠢勾之助，想亦熱心諸君所心許而樂贊成者也。簡章附後。廉賣期限：自七月十五日始，至八月二十日止。此特別廉賣，過期仍照原價，一定實行。減價：發行小說零售照本社定價七五折，批五部以上六折，百部以上五折。優待：各處學堂學會，由校長會長蓋印函購者，廉賣期內照碼七折。現金：不論零售蕙批，概以現金爲限，否則仍照常例。

附告宏文館付印各書不日出版：

博物大辭典、物理化學大詞典，教員學生應用參考書：物理學、

代數學、植物學、礦物學、地文學。現在編譯各書：教育、法律、
數學、歷史、地理、商業各大詞典，以及東洋史、世界史、中國地
理、世界地理、中國年表、世界年表，三角、代數、幾何、化學、
教育、心理、論理各參考書。要皆詳審精確，製成袖珍美本，大小
一律，價格低廉。惟同人學識有限，出版後，務祈海內淹雅隨時指
教。本社印刷所亦於期內承印書籍，格外克己，以副惠顧者之盛意。
棋盤街總發行所廣告。

1906 年 12 月，《女子世界》停辦，改辦《理學雜誌》。薛鳳昌（字公俠）
擔任編輯，金松岑、陳志群等是重要撰稿人。

《女子世界》最後一期（第二年四、五期合刊）大約出版於 1906 年 7 月，
5 個月後，丙午十一月十五日（1906 年 12 月 30 日），《理學雜誌》創刊。雜
誌係月刊，每月十五日發行，每冊定價四角。該雜誌由《女子世界》改辦，
凡預定《女子世界》者，改寄《理學雜誌》。凡在女子世界社入股的，繼續在
理學雜誌社享有同等權利，每年十月底結帳一次。

丙午年十一月廿八日（1907 年 1 月 12 日）《時報》廣告：

《理學雜誌》第一期出版

類目（略）。

全年十二冊，大洋四元二角；每月一冊，大洋四角。每冊郵費
三分。凡代派十份以上者八折。總發行所：上海棋盤街宏文館小說
林有限合資會社

女子世界社廣告

本社業巳歸併理學雜誌社另行組織，凡訂閱全年諸君，准將《理
學雜誌》接寄五期，郵費不收。改辦後，本社股友仍與理學雜誌社
股友同享權利，每年十月底結帳一次，屆時另算報告。

1907 年，陳志群、柳亞子等人組織新《女子世界》雜誌，後來新《女子
世界》雜誌與秋瑾所辦的《中國女報》合而為一，改名《神州女報》。為此，
丁祖蔭登報澄清：另行組織的女子世界社與原來的女子世界社沒有任何關係。

1907 年 9 月 13 日《時報》廣告：

《女子世界》廣告

本誌自另行組織以來，甫出一期而鑒湖女俠靈耗至。女俠辦有
《中國女報》，停止殊覺可惜，本社擬庚續之，以承女俠之志，為女

俠之繼。惟同人能力綿薄，勢難兼顧。爰與本誌合刊一種，改名《神州女報》。第一卷第一號不日付梓。從此本誌不復另行組織。所去本誌一期內容豐富，印刷精良，現存本無多，幸速購取。寄售處：四馬路正利厚公司，上海新聞路新女子世界社啟。

1907 年 9 月 18 日《時報》廣告：

閱續出《女子世界》者鑒

本誌出至第二年第五期爲止，業於上年停刊，改辦《理學雜誌》。定閱全年者，即將《理學雜誌》□送。近見八月初六日《時報》告白，有人另行組織《女子世界》，此事本社並未與聞，全與原辦之《女子世界》無涉，閱者幸勿誤會。理學雜誌社啟。

1906 年，小說林社加入上海書業商會。該社的代表是鄒仲寬。此人是小說林社成員，生平不詳。

1906 年 7 月 6 日上海書業商會主辦的《圖書月報》出版。陸費逵主編。共出三期。第 2 期載有當年入會會員 22 家，計有：文明書局（俞仲還）、開明書店（夏頌萊）、點石齋書局（席子佩）、商務印書館（夏瑞芳）、廣智書局（何澄一）、昌明公司（陸費逵）、中國教育器材館（包文信）、啓文社（費子和）、新智社（吳秋坪）、會文學社（沈玉林）、通社（應季審）、新民支店（馮鏡如）、群學會（沈繼先）、東亞公司新書店（張金城）、彪蒙書室（施錫軒）、時中書局（顧子安）、有正書局（狄楚青）、小說林（鄒仲寬）、樂群書局（汪繼甫）、普及書局（陶甲三）、鴻文書局（凌仲華）、新世界小說社（凌培卿）。

（資料來源：http://www.shtong.gov.cn/node2/node2245/node4521/node29047/userobject1ai54449.html）

本年經營狀況良好，盈利百分之一百三十。

徐兆瑋《燕臺日記》丙午年九月二十八日（1906 年 11 月 14 日）：「小說林頗獲利，去年每千贏四百多，今年每千贏三百多云。」

從丙午年的《丁祖蔭日記》中可以看出，如果不用付稿費（周作人的《玉蟲緣》、《俠女奴》均沒有得到稿費，只得到若干本小說林社出版物。），當時印刷小說的成本和利潤。

《丁祖蔭日記》之《丙午年會計簿》：「四月十二（1906 年 5 月 4 日）印《玉蟲緣》、《俠女奴》70 元。」《丁祖蔭日記》之《丙午年

自治日記補遺》：「《玉蟲緣》售見款：二百十七元、《俠女奴》售見款：廿五元。」可見，這兩本書的印刷費是 70 元，售出後得 242 元，盈利 142 元，盈利率百分之二百。（丁祖蔭不付稿費，是得到周作人同意的，他和周作人商量出版周的兩部譯作，所得補貼女子世界社。）但有一點注意：丁祖蔭印刷這兩本書肯定是在小說林社，他的印刷費花的是成本價。

本年出版志

丙午正月

《一捻紅》，吳門天笑生譯述。

《彼得警長》上、中卷，洞庭吳步雲譯述。

丙午二月

《鴻巢記》，酒瓶著，飯囊譯。

《大除夕》，德國蘇虎克著，卓呆譯。

《日本劍》下卷，英國屈來珊魯意著，沈伯甫譯意，黃摩西潤詞。

《女魔力》下卷，英國奇孟著，洞庭吳步雲譯述。

《馬丁休脫偵探案》二，英國瑪利孫著，元和奚若譯。

丙午三月

《馬丁休脫偵探案》三，英國瑪利孫著，元和奚若譯。

《情海劫》，吳江任墨緣譯意，武進李叔成潤詞。

丙午四月

《風洞山傳奇》，長洲呆道人（即吳梅）作。

《彼得警長》下卷，洞庭吳步雲譯述。

《秘密隧道》上卷，英國和米（Hume）著，奚若譯。

《身毒叛亂記》（一名《印度魂》）上卷，英國麥度克著，磻溪子、天笑生譯

《髑髏杯》上、中，英國楷陵著，奚若譯。

丙午閏四月

《影之花》中，法國嘉祿傅蘭儀著，競雄女史譯意，東亞病夫潤詞。

《秘密隧道》下，英國和米（Hume）著，奚若譯。

《身毒叛亂記》（一名《印度魂》）中，英國麥度克著，磻溪子、天笑生譯。

《髑髏杯》下，英國楷陵著，奚若譯。

丙午五月

《啞旅行》下卷，日本末廣鐵腸著，昭文黃人譯述。

《新戀情》上、中，英國赫德著，鶴笙譯。

《福爾摩斯偵探案深淺印》，華生筆記，鴛水不因人譯述。

《女首領》上卷，英倫媚姿女史著，井蛙譯。

《女子世界》雜誌第二年第四、五期（第十六、十七期合本）出版

丙午六月

《女首領》下卷，英倫媚姿女史著，井蛙譯。

《纖手秘密》，鐵冰譯。

小本小說第一集第一種《孤兒記》，平雲（按：此書為半作半譯）。

丙午七月

《胈篋術》，英國白髭拜著，烏衣使者譯。

《巴黎秘密案》上、下，君穀譯。

《蘇格蘭獨立記》卷一，女士陳鴻璧譯，東海覺我校正。

《少年偵探》上，法愛米加濮魯原著，英智爾博甘培譯，寄生蟲、無腸子再譯。

丙午八月

《大魔窟》（原名《塔中之怪》），日本押川春浪著，吳江弱男譯述。

《福爾摩斯偵探案黃金骨》，華生筆記，元和馬汝賢譯。

小本小說第一集第二種　《紅泥記》，英國包福著，竹書譯。

丙午十月

《福爾摩斯再生十一二三案》，華生筆記，上海周桂笙譯述。

小本小說第一集第三種　《錢塘獄》，訥夫著。

小本小說第一集第四種　《瑤瑟夫人》，李涵秋著。

丙午十一月

《印雪簃譯叢》，英國維多夫人著，女士陳鴻璧譯。

丙午十二月

《聶格卡脫偵探案》一，美國紇克著，華子才譯。（此套書筆者親見第一

冊，該冊沒有標作者名，其餘冊筆者均未見，均據樽本照雄《新編增補清末民初小說目錄》著錄作者名及出版時間。）

　　小本小說第一集第五種　　《文明賊》，吳江大愛著

　　小本小說第一集第六種　　《埋香記》，伯熙陳榮廣著。

　　《理學雜誌》第二期

　　　　本年出版志總結：社會來稿大大增多，小說林社創辦小本小說叢書，也許是爲了安置廣泛的社會來稿的需要。當然，更大的目的是盈利。小本小說叢書大多只有一兩角，適合處於購書能力邊緣的讀者。而且，大多爲言情小說和偵探小說，都是讀者喜聞樂見的小說類型。

附錄：1906 年丁祖蔭部分約稿工作

　　本年，丁祖蔭和金松岑、陳志群、杜清持等人屢次通信，可能是爲了《女子世界》的編輯和約稿工作。

　　　　《丁祖蔭日記》丙午年二月初五日（1906 年 2 月 27 日）：「通信來往：同里金松岑。」

　　　　二月十四日（3 月 8 日）：「通信往：金松岑。」

　　　　閏四月初八日（5 月 30 日）：「通信往：陳志群。通信來：金松岑、杜清持。」

　　　　閏四月初十日（6 月 1 日）：「通信往：杜清持、金松岑。」

　　又與薛公俠、鍾憲鬯、陳志群、徐念慈等人通信，應是爲《理學雜誌》編輯與約稿事。

　　　　《丁祖蔭日記》丙午年十月十一日（1906 年 11 月 26 日）：「通信來：薛公俠（稿）。」

　　　　十月十二日（11 月 27 日）：「通信往：薛公俠（說）。」

　　　　十月十七日（12 月 2 日）：「通信來：薛公俠、朱遠生。」

　　　　十月廿八日（12 月 13 日）：「通信來：鍾憲鬯、朱遠生。」

　　　　十一月初二日（12 月 17 日）：「通信往：張映南（呈稿）、張雙南、蔣韶九（呈稿）、曾孟樸。通信來：薛公俠　張雙南。」

　　　　十一月十九日（1907 年 1 月 3 日）：「通信往：趙穆士、鍾憲鬯、薛公俠、楊育材（稿）、陳志群（稿）、徐念慈。」

　　十二月廿六日（2 月 8 日）：「通信往：薛公俠、張隱南、陳志
群、周作人。」（注：本條與周作人通信不是為了《理學雜誌》稿，
很可能是為了周作人於 1906 年 7～8 月份出版的《孤兒記》。）

　　丁祖蔭還和《續孽海花》的作者張鴻為了稿件通過信，但小說林社並未
出過張鴻署名的書籍或文章，也許張以筆名發表作品。

　　《丁祖蔭日記》丙午年六月初五日（1906 年 7 月 25 日）：「通
信往：張隱南（稿件）。」

　　注：張隱南即張鴻，常熟人，《續孽海花》的作者。從此條看，
張鴻很可能曾經通過丁祖蔭向小說林社投稿。

　　此外，丁祖蔭與小說林社的作者任墨緣本年有過通信。

　　《丁祖蔭日記》丙午年五月廿二日（1906 年 7 月 13 日）：「通
信來：任墨緣。」

　　注：任墨緣於丙午三月在小說林社出版《情海劫》上下冊。標
為「吳江任墨緣譯意，武進李叔成潤詞」，可能是任墨緣認識丁祖蔭，
丁將他的譯作推薦給小說林社。也可能是蔣維喬推薦給丁祖蔭，因
為潤詞人李叔成是武進人，蔣維喬同鄉兼同事。後來任墨緣在《小
說林》雜誌上發表過長篇翻譯小說《魔海》。

光緒三十三年丁未（1907～1908 年）

　　1907 年 2 月 27 日《月月小說》雜誌第 5 期《紹介新書》欄發表對於小說
林社出版物《福爾摩斯再生後之探案十一二三》的介紹。全引如下：

　　福爾摩斯再生後之探案十一二三　小說林發行　定價四角

　　《歇洛克・福爾摩斯（一作呵爾晤斯）偵探案》，為英國大文
學家高能陶爾（Conan Doyle）所著，蓋歐洲近世最有價值之偵探小
說也。每一稿脫，各國輒繙譯恐後，爭相羅致。吾國譯本，以曩時
《時務報》張氏為最先，爾後續譯者接踵而起，如包探案，續包探
案之類皆是也。故原書至福爾摩斯被戕後，已戛然中止，幾成絕響。
詎數年以後，作者又創為再來之說，成書十三篇，合之前後諸作，
無一相犯，無一雷同者。歐美各國，一時風行殆遍。吾國周君桂笙
所譯福爾摩斯再來第一案，首先出版，頗受歡迎，而續譯者又踵起
矣。夫譯書極難，而譯小說書尤難。苟非將原書之情形，及著者之

本末生平，包羅胸中，而但鹵莽從事，率而操觚，即不免有直譯之弊。非但令人讀之味同嚼蠟，抑且有無從索解者矣。故此等小說，在歐美各國，則婦孺皆知；在吾國，則幾於寂寂無聞。此其咎，必非在原著之不佳明矣。毋亦遍譯之未盡合宜，故不足以動人耶。小說林社主人，知其然也，故自第八案以後，仍倩周君桂笙，一手譯述。今最後之十一二三三案，亦已出版，共釘一冊，編首勝以譯者小影一幀，益見該社精益求精，不遺餘力矣。本社受而讀之，覺其理想之新奇，誠有匪夷所思者。洵近今翻譯小說中之不可多得者也。爰為溯其原〔緣〕起，著之於篇，以為一般愛閱佳小說者告。

按：《月月小說》雜誌發表此則「紹介新書」，很大程度上是因為此書的譯者是該雜誌的總譯述周桂笙。其中，周桂笙在介紹自己的新譯作之餘，心裏恐怕還有一些對奚若和蔣維喬的不滿。小說林社《福爾摩斯再生第一案》的譯者是周桂笙，但繼之而來的《福爾摩斯再生第二三案》、《福爾摩斯再生六七八案》卻是由奚若和蔣維喬譯述。而《福爾摩斯再生九十案》、《福爾摩斯再生十一二三案》的譯者又成了周桂笙。從上面的簡介中看得出，周桂笙認為：自己翻譯福爾摩斯再生系列有首創之功，別人再翻，有效顰之嫌；而且後來者（主要是暗示奚若和蔣維喬）的譯筆是直譯，味同嚼蠟；並且，「小說林社主人」也認為自己的譯筆更好，所以讓自己翻譯剩下的九到十三案。如果周桂笙的話可信，那麼，這裏就是小說林社對自己的小說翻譯進行安排和調整的證據。

另，奚若和蔣維喬翻譯的《秘密海島》（原作是凡爾納《神秘島》），譯筆確實比較忠實於原作，很少增刪，也很少有中國特色的段落，接近周桂笙說的「直譯」，但筆者並未覺得味同嚼蠟。

1907 年 2～3 月，《小說林》雜誌創刊。主編徐念慈，重要撰稿人（譯者）：曾樸、黃人、徐念慈、陳鴻璧、包天笑、徐卓呆等人。在第一期上，摩西（黃人）《小說林發刊詞》和東海覺我（徐念慈）《小說林緣起》發表。黃人的《小說林發刊詞》稱「小說者，文學之傾向於美的方面之一種也」，徐念慈《小說林緣起》也用西方美學觀點來理解和解釋小說的流行原因。

1907 年 2～3 月，曾樸《孽海花》第三編開始在《小說林》雜誌連載。（《孽

海花》第三編的二十一至二十五回發表於《小說林》雜誌第一、二、四期。）

　　1907 年 2～3 月，黃人《小說小話》開始在《小說林》雜誌連載，這是小說林社最重要的理論著作之一。

　　1907 年 4～5 月，《小說林》雜誌第三期出版。該期刊登了小說林社《募集小說》廣告，並具體規定了稿酬。這是筆者所見小說林社最早的公開稿酬的廣告：

　　　　本社募集各種著譯，家庭、社會、教育、科學、理想、偵探、
　　軍事小說，篇幅不論長短，詞句不論文言白話，格式不論章回、筆
　　記、傳奇。不當選者，可原本寄還。入選者，分別等差，潤筆從豐
　　致送。
　　　　甲等　　每千字五圓
　　　　乙等　　每千字三圓
　　　　丙等　　每千字二圓
　　　　通信處：上海新馬路福海里小說林編輯所
　　　　若非信件掛號，如有失誤，本社不認其咎。

　　實際上，這個稿酬標準定得過高，不是那麼符合實際。

　　　　包天笑《釧影樓回憶錄》（香港大華出版社，1971 年版，324
　　～325 頁）云：「這時上海的小說市價，普通是每千字二元為標準，
　　這一級的小說，已不需修改的了。也有每千字一元的，甚至有每千
　　字僅五角的，這些稿子大概要加以刪改，但是許多出版家，貪便宜，
　　殺窮鬼，粗製濫造，也是有的。更有一些窮文人，為了生活所迫，
　　雖然他的稿子很不壞，但深入窮鄉時，也不待善價而沽了，像那位
　　筆名平江不肖生的向愷然君，他從日本回國時，寫了一部《留東外
　　史》，描寫當時一般中國留學生在日本留學的狀況，到上海來，兜來
　　兜去，這些書賈，以為其人不見經傳，無人肯要，就是以每千字五
　　角，賣給某書賈的。誰知後來銷數甚佳，卻賺了不少錢。

　　　　我的小說，後來漲價到每千字三元，那是商務印書館要我在他
　　們的《教育雜誌》上寫教育小說而加價的（按，此一筆稿費，適在
　　商務印書館逐年增資期中，他們請我把稿費作為股份，我亦允之，
　　每月亦不過三四十元而已），這算是特別優待。但在時報館（有正書
　　局）及小說林兩個基本地方，仍作每千字兩元算。其時林琴南先生

已在商務印書館及其它出版社譯寫小說，商務送他每千字五元，但林先生不諳西文，必須與人合作，合作的大半是他的友朋與學生，五元之中，林先生即使取了大份，亦不過千字三元（後來商務印書館給林先生每千字六元）。

1907 年 4～5 月，《小說林》雜誌第三期始，開闢「新書紹介」欄目，專門介紹本社新書，也介紹商務印書館、新世界小說社、廣智書室、《月月小說》雜誌社等其他出版機構的新書。分別刊登於《小說林》雜誌的第三、四、五、六、七、十期。主要介紹書籍的出版單位、故事情節、定價等，並作簡單評價。作者爲小說林社總編輯徐念慈。第三期交待緣起云：

> 本報以《小說林》名，則海內著譯諸書，月有增刊，其入小說界之範圍者，宜盡紹介之責。管窺所及，時附數語，非敢雌黃月旦焉。野人獻曝，則智者笑之矣，顧讀者略其跡而原其心而已。

這其實也是變相地爲自己出版社的新書做廣告。

1907 年 5～6 月，《博物大辭典》發行，定價皮製二元八角，特製二元五角，上製二元二角。編輯兼校閱者：常熟曾樸，昭文徐念慈。分任編輯爲常州許毅，蘇州包公毅，常熟歸炳勳、張寶樹，昭文徐宗鑑。審訂者：常熟丁祖蔭。

1907 年 6 月 6 日《時報》廣告：

《博物大辭典》出版附送贈品券

> 發行之初附送贈品券，凡門市購一部者送一卷，所購品值大洋四角。以最先五百部爲限。滿額即止。理學家、教育家、實業家速來購取。定價皮脊金字二元八角，布脊金字二元五角，洋裝上製二元二角。總發行所：棋盤界宏文館小說林合資會社啓

例言（見《博物大辭典》卷首）

> 我國通行學界者只有字典而無辭典。自譯籍風行，始有注意於撰普通辭書，以便讀者諸君之檢查。本書爲教師學生讀書參考之用，莫要於博物一科，因先編纂付刊，餘當續出。
>
> 一　本書舉植物、動物、礦物、生理四科之學語及事項，一一加以注釋；而於植物、動物之分科別類，礦物之成分利用與生理之組織攝養，尤加一層注意。
>
> 一　本書網羅以中等教育之教科書及參考書所用爲斷，附以簡

捷明確之解釋。至於高深，編者學識有限，敬謝不敏。

　　一　本書順序以文字圖畫之多少為先後，若辵部、阝部均作三筆，餘照字典筆畫計算。

　　一　本書所用名辭，勉求普通應用，人人公知。間有一二譯音、譯義，詳審定名者。惟我國書籍浩繁，鳥獸草木金石等名辭層出，編纂者學識有限，致有本有專名，不及檢出，希博雅君子隨時糾正。

　　一　科學辭典我國未有刊行者，編纂困難，大異於普通各書籍。編纂者雖力求完備，自始事以迄告成，費時一年有餘。今日印刷既竣，首尾瀏覽一過，對於缺點處及錯出處不勝抱愧，俟再版時當逐一補正增入，且望海內同志指教。來函送上海新馬路福海里宏文館編輯所。

　　本書分任編輯為常州許君毅，蘇州包君公毅，常熟歸君炳勳、張君寶樹，昭文徐君宗鑑。得贊助力者十之六七也。

　　編纂者識。

1907 年 7～8 月，《小說林》雜誌第四期發表《募集文苑雜著》的徵文啟事：

募集文苑雜著

　　本社廣徵海內詞壇，如有古近體詩、遊戲文章、楹聯、酒令、笑話、燈謎、奇事異聞、別體雜錄，寄交社中，入選後，本社以圖書代價券酌量分贈（自半元起至十元止），以酬雅意。（已刊行者不錄）

甲等	十元	乙等	八元
丙等	五元	丁等	四元
戊等	三元	己等	二元
庚等	一元	辛等	半元

1907 年 7 月 15 日，秋瑾就義於浙江紹興軒亭口。

1907 年 8～9 月，《小說林》雜誌第五期文苑欄發表《秋女士瑾遺稿》。此後，該刊陸續發表多篇紀念秋瑾的戲劇、小說和文章。分別是吳梅的《軒亭秋雜劇》（載第六期），龍禪居士（龐樹柏）的《碧血碑雜劇》（載第十一期），嘯廬撰、小萬柳堂（吳芝瑛）評點的《軒亭血傳奇》（載第十二期）；包天笑

的《碧血幕》（載第七～九期）；徐寄塵《秋女士歷史》（載第六期），徐寄塵《秋瑾軼事》（載第七期）。

1907年8～9月，觚庵的《觚庵漫筆》開始在《小說林》連載。這是《小說林》雜誌上與黃人的《小說小話》交相輝映的重要小說理論著作。筆者認為觚庵是小說林社總編輯徐念慈，參見本書附錄一。

1907年8月，黃人、孫景賢等人編輯的《雁來紅》叢報（非小說林社出版物）停刊。

> 徐兆瑋《丁未日記》丁未年六月二十四日（1907年8月2日）：孫希孟二十日函云：……拙稿姑緩寄。《雁來紅》十期後即止印。

> 七月十四日（8月22日）云：「孫希孟函寄《雁來紅》九、十期，索汪詩。」

1907年10～11月，小說林社增設了兩個分發行所：蘇州珠明寺前宏林書局和常熟海虞圖書館〔註14〕。之所以將一個分發行所設在蘇州，是因為蘇州是江蘇省首府，而常熟海虞圖書館，則屬於小說林社的兩個創辦人——丁祖蔭和朱積熙所有。

1907年11～12月，小說林社年度盤點，查得虧損四五千元。

> 徐兆瑋《丁未日記》丁未十一月初八日（1907年12月12日）云：「王夢良十月廿九日函云：小說林前月開週年會，統核虧耗四五千，頗有來日大難之勢。」（按：本條顯示，小說林社有一成員王夢良，這是我們以前不知道的。）

1907年11～12月，《小說林》雜誌第六期發表吳門天笑生（包天笑）編述的長篇小說《碧血幕》第一回「狂起草野史重開幕，開評花女傑初登場」。開頭云：

> 「橫刀我欲向天笑，相逢劇場遊戲。孽海花飛遼天劫，墮一代風華閒史。美人名士，又俠客黃天，相公黑鐵，鼓吹當筵小伎。大好舞臺，聲聲鐵板銅琵裏。

〔註14〕丁未九月初版的《小紅兒》和《香粉獄》，及從丁未九月始到小說林社歇業為止的該社所有出版物，均標明「發行者：上海棋盤街中市　小說林總發行所，分發行所：蘇州宏林書局　常熟海虞圖書館」。而於丁未八月初版的《鳳卮春》，只標出了小說林總發行所。據此推斷，小說林社於丁未九月添設了兩個分發行所。

春水干卿底事。遽墨雨歐雲，輶軒西指。壯士頭顱，男兒身手，付與燕邯，浪子自由不死。看亞幕初開，華、拿踴起。笑倒狂奴，道先生休矣。

卻說自從亞當創世，盤古開天，憑他遊戲神通，造出個繁華世界。他們兩位老人家便在那扶桑以西、天竺以東、北緯三十度、東經一百十度的地方，搭下個大大的舞臺，幾千年來登場人物，卻也出得不少。有的擲頭顱糜血肉，便是武裝的排當；有的嘔心血絞腦汁，也算黑幕的人才。真個茫茫禹甸，是一片恒歌酣舞的劇場；赫赫軒孫，是幾輩菊部梨園的子弟了。近來卻是吸取改良，重翻舊譜、競唱新聲，因為那以前的老戲覺得陳腐取厭，就有人編成兩本新戲。金樽檀板，爭唱孽海之花；急管哀弦，試演遼天之劫。自從這兩本新戲出現以來，頓教人耳目一新。只是這新戲劇的舞幕方開，難道就此戛然而止？因此，在下便不揣簡陋，起來率爾操觚，妄想續貂。」

包天笑《釧影樓回憶錄》（香港大華出版社，1971 年版，326～327 頁）云：「在小說林的時候，我們還有一個志願，可惜到後來，這個志願，一個都沒有償。因為孟樸說：他的《孽海花》，寫到庚子拳變，兩宮回鑾以後，就結束不寫了，賽金花讓她活下去吧，也就無關緊要了。因此徐念慈（小說林總編輯）說：『我想寫一部長篇小說，記東三省紅鬍子的事。』在清代稱紅鬍子為鬍匪，又稱為馬賊，民間則有稱為義勇軍的，這時候正在崛起時代，他也起好了一個書名，正在搜集材料。他說：『這部小說，正好接在《孽海花》之後，可以出版。』

我說：我想寫革命事跡。當時革命黨東起西應，排滿風潮熱烈。恰有徐錫麟、秋瑾的一件事發生，秋瑾是中國女子中革命的第一人，我想把秋瑾做書中的主人，而貫穿以各處革命的事跡。書名也已擬好了，叫做《碧血幕》，並且在《小說林》雜誌上登載過一兩回的，後來《小說林》雜誌不出版了，我也就此擱筆了。

……徐念慈的紅鬍子小說，可憐他並不曾著筆，便這樣齎志以沒了。我的《碧血幕》，也不曾繼續寫下去，後來便是辛亥革命，僅僅秋瑾一方面的事，也不足以包羅許多史實。」

小說林社《車中美人》（1905 年 11～12 月出版）書後廣告：

新著述《遼天一劫記》（撰述中）

東海覺我撰。本編記日俄甲辰之戰，首尾完備，旅順攻擊，對馬海戰，奉天鐵嶺諸役，引據報章日記，以及局外觀戰員之報告，成此一大集。我國民身受之慘禍，應留爲一大紀念，不僅對岸觀火已也。出書後再行廣告。

從《碧血幕》的開頭題詞和引言以及包天笑在《釧影樓回憶錄》中的追憶可以看出：當時，曾樸、包天笑、徐念慈等人有寫作歷史小說三部曲的打算，分別是曾樸的《孽海花》、徐念慈的《遼天一劫記》（未出版）和包天笑的《碧血幕》（載《小說林》第七至九期）。這三部曲在時間順序上正好相接續：《孽海花》計劃寫到 1900 年；《遼天一劫記》擬寫 1904 年的日俄之戰；而《碧血幕》以秋瑾爲書中主人，貫穿各處革命事跡，這又是稍微靠後一些的事情了。可見，包天笑的《碧血幕》就是接續曾樸的《孽海花》和徐念慈的《遼天一劫記》而作。

這種歷史小說觀在當時非常先進，很可能來自於大仲馬的歷史小說多部曲。曾樸在小說林社時期非常推崇大仲馬，而且他也提到過大仲馬喜歡用多部曲來寫歷史小說的特點。

《小說林》雜誌第五期東亞病夫《大仲馬傳》：「（大仲馬）一書甫竟，一書繼作，往往情事聯屬，節目銜接。如《二十年後》*Vingtans apr'es*、《白蘭善子爵夫人》*La Vicomte de Bragelome* 爲《三銃卒》之後編，《馬高王后》*La reine Margot*、《四十五衛兵》*Quarantcinq* 又屬《慕沙魯夫人》之尾本。分之則三名篇，合之則成一巨帙。」

文後附錄《大仲馬所著書目》：

Vingt ans apr'es《二十年後》三卷，上續《三槍卒》，下聯《白蘭善子爵夫人》，記路易十四時福倫特黨 Frande 及英吉利革命之事。

La Vicomte de Bragelome《白蘭善子爵夫人》六卷，上接《二十年後》，爲《三槍卒》之結局。書中人物頗複雜，而仍以亞丹昂爲主人公，奇情麗采，足以結束三書。

La Dame de mousoreau《慕沙魯夫人》三卷，爲《四十五衛兵》之首編。

La reine Margot《馬高王后》三卷，述顯理王八月十四日聖巴沙羅米由 St.Barthelemv 之虐殺教徒，及窪洛河王朝之陰謀，皆十五

世紀時事。與《慕沙魯夫人》及《四十五衛兵》相聯絡。

　　Quarant cinq《四十五衛兵》三卷，述顯理三世之荒亂組織四十五衛兵以自護。有希高氏 chicot 者，爲書中最要之人物，以善詞令、滑稽，有寵於顯理三世，爲扈從中最敏捷最忠心者。此書爲《慕沙魯夫人》之末編。

　　從以上引文可見，曾樸注意到了大仲馬的三部曲作品，《三槍卒》、《二十年後》、《白蘭善子爵夫人》是前後相聯的三部曲；而《慕沙魯夫人》、《馬高王后》、《四十五衛兵》也是前後相聯的三部曲。其中的作品，各自有相對的獨立性，可分可合：「分之則三名篇，合之則成一巨帙。」

　　《碧血幕》自《小說林》雜誌第六期開始連載，而《大仲馬傳》刊第五期，在時間上相當接近，所以，筆者認爲，曾樸、徐念慈、包天笑有關小說三部曲的想法，很可能受到了大仲馬歷史小說的影響。

　　1907 年 12 月～1908 年 1 月，《小說林》第七期，刊登《天笑啓事》，云：

　　　　「鄙人近欲調查近三年來遺聞軼事，爲《碧血幕》之材料。海內外同志如能貺我異聞者，當以該書單行本及鄙人撰譯各種小說相贈。開列條件如下：一、關於政治外交界者；一、關於商學實業界者；一、關於各種黨派者；一、關於優伶妓女者；一、關於偵探家及劇盜巨奸者。其他凡近來有名人物之歷史，及各地風俗等等，鉅細無遺，精粗並蓄。倘蒙賜書，請寄上棋盤街小說林轉交可也。」

　　　　按：《孽海花》題爲「東亞病夫編述」，《碧血幕》也寫作「吳門天笑生編述」，《小說林》第七期也提及雜誌的銷量問題：《戊申正月第九期小說林報招登新年廣告》云：「本社發行《小說林》月報，每期銷數已達二千餘份之多。」

　　1907 年，小說林社繼續出版大辭典和參考書，曾虛白後來回憶：發行辭典和參考書佔用了大量流動資金，從而導致小說林社虧本。（曾虛白《曾孟樸年譜》，魏紹昌編《孽海花資料》（增訂本），上海：上海古籍出版社，頁 168。）

　　小說林社有出版十大辭典的計劃：

　　　　1907 年 2～3 月，在《小說林》第一期上刊有廣告《帝國最新十大辭典出版》，其中所列的十大辭典分別是：

　　　　《博物大辭典》、《物理大辭典》、《法律大辭典》、《教育大辭典》、《數學大辭典》、《小學教材大辭典》、《理科大辭典》、《化學大

辭典》、《植物學大辭典》、《世界歷史大辭典》。

除《博物大辭典》和《物理學大辭典》正式出版外，其餘八種均未來得及出版。

小說林社還有出版二十四種參考叢書的計劃：

《理學雜誌》第二期廣告云：「教師學生諸君於各種科學，必資參考，始能進步。本社有鑒於此，特延各科名家譯著專書，以中等程度爲率，搜輯詳備，考證精確。計分植物、礦物、動物、化學、物理、東西洋史及年表、地文學、中外國地理、算術、代數、幾何、三角、微分、論理、心理、倫理、教育學、教授法、生理、衛生等，都二十四種。用洋裝袖珍美本，大小一律，以便取攜。按月分出兩種，一年畢事。想爲學界所歡迎焉。」

結果後來正式出版的有下列十四種（筆者親見的只有《植物學》和《中國歷史講義》兩種，其餘據小說林社廣告）：

《植物學》，日本農學士今村猛雄著，昭文徐念慈譯，二冊，丙午年十一月初版，同年同月發行，定價四角。

《礦物學》，常熟范玉麟譯，一冊，定價三角

《西洋史年表》，昭文徐宗鑑譯，洋裝二冊，定價四角。

《地文學》，常熟歸炳勳譯，洋裝二冊，定價四角。

《各科教授法精義》，東京高等師範學校教授森岡常藏原著，蘇府留學諸君合譯，定價一元五角。

《中國歷史講義》，昭文徐念慈編，常熟丁祖蔭、曾樸審定，光緒三十三年十月印刷，光緒三十四年正月發行，定價八角。

《自然分類普通植物檢索表》，常熟張寶樹譯，定價四角。

《中等化學》，理學士杉谷厚著，吳江薛鳳昌譯，定價六角。

《立體幾何學教科書》，高橋豐夫著，由留學東京昭文胡文藻譯出，定價四角。

《中學對數表》，飯島氏著，武進余貞敏譯，定價三角。

《無機化學粹》，日本藥學士山田董原著，武進余貞敏譯，定價一元五角。

《化學》，四角。

《生理學》，二角。

《東洋史》，二角。

從上面可以看出，第一，除《中國歷史講義》是徐念慈著作外，其他諸書基本為譯本，且大多是從日文翻譯而來。第二，諸書程度中等，適合「中學校及師範學校教員學生教科參考之用」。

二十四種參考叢書佔用資金較少（每種書定價幾角錢，成本亦應甚微），最耗費資本的是大辭典。

本年度出版志

丁未正月

《竊電案》（一名《英日同盟電被盜案》），曼陀譯述。

小本小說第一集第七種　《霧中案》，英國哈定達威著，笑我生譯。

《小說林》雜誌第一期

丁未二月

《海屋籌》上、下，英國哈葛德著，逍遙生譯。

《小說林》雜誌第二期

丁未三月

《聶格卡脫偵探案》二，美國紇克著，華子才譯。

小本小說第一集第八種　《黃鑽石》，英蘇琴著，越鹵譯。

《小說林》雜誌第三期

《理學雜誌》第三期

丁未四月

《聶格卡脫偵探案》三，美國紇克著，華子才譯。

《奇獄》二（原名《歐美探偵史》），美國麥枯滑特爾著，吳門華子才譯述。

《理學雜誌》第四期

丁未五月

《飛行記》（一名《非洲內地飛行記》）。英國蕭爾斯勃內（即凡爾納）著，常州謝炘譯。

《聶格卡脫偵探案》四，美國紇克著，華子才譯。

《聶格卡脫偵探案》五，美國紇克著，滄海漁郎、延陵伯子譯。

《聶格卡脫偵探案》六，美國紇克著，滄海漁郎、延陵伯子譯。

《棄兒奇冤》，英國老斯路斯著，滄海漁郎、延陵伯子譯。

小本小說第二集第一種　《鬼室餘生錄》，方笛江譯。

丁未六月

《聶格卡脫偵探案》七，美國紇克著，華子才譯。

《聶格卡脫偵探案》八，美國紇克著，華子才譯。

《冷眼觀》一，八寶王郎（王靜莊）著。

《黃金世界》，碧荷館主人著。

《少年偵探》中，法愛米加濮魯原著，英智爾博甘培譯，寄生蟲、無腸子再譯。

《小說林》雜誌第四期

《理學雜誌》第五期

丁未七月

《少年偵探》下，法愛米加濮魯原著，英智爾博甘培譯，寄生蟲、無腸子再譯。

丁未八月

《黑蛇奇談》，美國威登著，張瑛譯。

《黃鉛筆》上、下，英國斐立潑斯著，無錫章仲謐、章季偉譯。

《鏡中人》（一名《女偵探》）上、下，美烏爾司路斯著，德清俞箴墀譯述，無錫嵇長康潤辭。

《冷眼觀》二，八寶王郎（王靜莊）著。

《懸崖馬》上、下，英國麥去麥脫著，吳郡盧達譯。

小本小說第二集第二種　《賣解妃》（一名《狄克傳》），鋌夸譯。

小本小說第二集第四種　《鳳厄春》，蔣景緘著。

《小說林》雜誌第五期

《理學雜誌》第六期

丁未九月

《聶格卡脫偵探案》九，美國紇克著，華子才譯。

小本小說第二集第三種　《小紅兒》，品花小史著。

小本小說第二集第五種　《香粉獄》，印度田溫斯著，病狂譯。

小本小說第二集第六種　《里城案》，英羅蕊著，沈賓顏譯。

丁未十月

《聶格卡脫偵探案》十，美國紀克著，華子才譯。

《聶格卡脫偵探案》十一，美國紀克著，華子才譯。

《聶格卡脫偵探案》十二，美國紀克著，華子才譯。

《燧中燈》，英國特維生著，張柏森譯。

小本小說第二集第七種　《海門奇案》，英國福格斯興著，窮漢譯。

《小說林》雜誌第六期

丁未十一月

《情海魔》，美國柯怖著，木子、不才（許指嚴）同譯。

《聶格卡脫偵探案》十三，美國紀克著，華子才譯。

《俠英童》上、下，沈海若譯。

小本小說第二集第八種　《三疑獄》，冉涇童子、海虞少年同譯。

《小說林》雜誌第七期

丁未十二月

《雙花記》，李涵秋著。

《小說林》雜誌第八期

本年度出版志總結：所出大多為偵探和言情小說，稿源也比較廣泛，不限於同人。《小說林》雜誌的出版是亮點。

附錄：1907 年丁祖蔭約稿工作

本年《丁祖蔭日記》中的通信記錄，大多是為了《理學雜誌》的編輯事務。

> 光緒三十三年正月初七日（1907 年 2 月 19 日）：「通信來往：薛公俠。」
>
> 正月初九日（2 月 21 日）：「通信來：陳志群。」
>
> 正月初十日（2 月 22 日）：「通信來：薛公俠、薛公俠。通信往：薛公俠、薛公俠、陳志群。」
>
> 正月十二日（2 月 24 日）：「通信來：金松岑。」

正月十三日（2月25日）：「訪曾孟樸。」

正月十五日（2月27日）：「通信往：徐念慈、金松岑。」

正月十九日（3月3日）：「通信來：曾孟樸。通信往：薛公俠。」

正月二十四日（3月8日）：「通信往來：薛公俠。」

正月二十五日（3月9日）：「通信來：徐念慈。通信往：錢仲希、許定一。」

正月二十六日（3月10日）：「通信來：張雙南。通信往：徐念慈。」

正月二十七日（3月11日）：「通信來：薛公俠。通信往：曾孟樸、張雙南、朱味英。」

二月初三日（3月16日）：「通信來：徐念慈。通信往：薛公俠。」

二月初四日（3月17日）：「通信來：錢仲希。通信往：徐念慈、張映南。」

二月初五日（3月18日）：「通信來：曾孟樸。通信往：蔣韶九。」

二月初六日（3月19日）：「通信來：張雙南、徐念慈。通信往：曾孟樸。」

二月初八日（3月21日）：「通信來：薛公俠。」

二月初九日（3月22日）：「通信往：徐念慈（理學稿）、陳志群、薛公俠（十八元）。」

二月初十日（3月23日）：「通信來：張艮甫、言立夫。通信往：陳志群、徐念慈。」

二月十一日（3月24日）：「通信來：徐念慈、張艮甫、陳志群。」

二月十二日（3月25日）：「通信來：蔣子範、鄧荇孫、陳志群。通信往：言笠甫（附香梅、荊才、同甫）、鄧荇孫、蔣子範、陳志群、徐念慈（譯稿）、薛公俠（約）。」

二月十三日（3月26日）：「通信來：徐念慈。」

二月十四日（3月27日）：「通信來：薛公俠。通信往：鄒仲寬、徐念慈。」

二月十五日（3月28日）：「通信來：徐念慈。」

二月十八日（3月31日）：「通信來：徐念慈、薛公俠。通信往：徐念慈、趙穆士。」

二月十九日（4月1日）：「通信來：蔣韶九。通信往：陳志群、徐念慈、薛公俠。」

二月二十三日（4月5日）：「通信來：張雙南、陳志群。」

二月二十四日（4月6日）：「通信來：蔣韶九。通信往：薛公俠、蔣韶九。」

二月二十五日（4月7日）：「通信來：薛公俠、徐少逵。通信往：薛公俠。」

二月二十九日（4月11日）：「偕鏡寰、紀玉餞沈職公。」

二月三十日（4月12日）：「通信來：徐念慈。通信往：許定一。」

三月初一日（4月13日）：「赴張少雲餞沈職公席。」

三月十二日（4月24日）：「通信來：金松岑、蔣韶九。」

三月十三日（4月25日）：「通信來：薛公俠。通信往：薛公俠、陳志群。」

三月十四日（4月26日）：「通信來：曾孟樸。通信往：陳志群。」

三月十五日（4月27日）：「通信來：徐翯青、屈荊才等。通信往：徐念慈。」

三月二十日（5月2日）：「通信往：燕斌女士。通信來：燕斌女士、薛公俠。」

三月二十一日（5月3日）：「通信往：徐念慈。」

三月二十三日（5月5日）：「通信往：金松岑。通信來：金松岑、陳志群。」

三月二十五日（5月7日）：「通信來：薛公俠。」

三月二十八日（5月15日）：「赴上海一品香，會議小說林事。」

三月二十九日（5月11日）：「赴徐念慈半醉居約。」

四月初一日（5月12日）：「赴顧述之半醉居約。偕顧述之、蔡松如、蔣竹莊遊新園。赴蔡松如、蔣竹莊一品香約。通信來：徐翯青、屈荊才、薛公俠。」

四月初八日（5月19日）：「通信往：金松岑。通信來：金松岑、包朗生。」

四月十一號（5月22日）：「通信往來：曾孟樸。」

四月十二日（5月23日）：「通信來：金松岑、薛公俠。」

四月十三日（5 月 24 日）：「通信往：金松岑、陳志群。通信來：陳志群。」

四月十四日（5 月 25 日）：「通信往：曾孟樸。」

四月十六日（5 月 27 日）：「通信往：金松岑、包朗生。」

四月十七日（5 月 28 日）：「通信往：曾孟樸。」

四月十八日（5 月 29 日）：「通信往：陳志群。通信來：曾孟樸、陳志群。」

四月十九號（5 月 30 日）：「通信來：張雙南、徐念慈。」

四月二十日（5 月 31 日）：「通信往：徐念慈。」

四月二十七日（6 月 7 日）：「通信往：張雙南、陳志群。」

五月初二日（6 月 12 日）：「通信往：金松岑（10 元）、陳志群。通信來：陳志群」

五月初三日（6 月 13 日）：「通信來：陳志群、徐念慈。」

五月初五日（6 月 15 日）：「通信來：陳志群。」

五月初六日（6 月 16 日）：「通信往：薛公俠。」

五月初七日（6 月 17 日）：「通信往：徐念慈。」

五月十一日（6 月 21 日）：「通信往：薛公俠、金松岑。通信來：金松岑、徐念慈。」

五月十三日（6 月 23 日）：「通信來：徐念慈。」

五月十五日（6 月 25 日）：「通信往：曾孟樸。」

五月十六日（6 月 26 日）：「通信來：薛公俠。」

五月十八日（6 月 28 日）：「通信往：薛公俠。通信來：陳志群。」

五月二十二日（7 月 2 日）：「通信：錢仲希、張雙南、薛公俠。」

五月二十三日（7 月 3 日）：「通信來：徐念慈。」

五月二十四日（7 月 4 日）：「通信往：徐念慈、薛公俠。」

五月二十七日（7 月 7 日）：「通信來：張雙南、薛公俠。」

五月二十九日（7 月 9 日）：「通信來：徐念慈。」

六月初三日（7 月 12 日）：「通信來：陳志群。」

六月初四日（7 月 13 日）：「赴王紀玉、金玉書公宴殷同甫等席。」

六月初五日（7 月 14 日）：「通信往：金松岑、張雙南、曾孟樸。」

六月初九日（7 月 18 日）：「通信來：金松岑。」

六月十三日（7 月 22 日）：「通信往：薛公俠、金松岑。通信來：張雙南、薛公俠。」

六月十七日（7 月 26 日）：「通信來：陳志群。」

六月十八日（7 月 27 日）：「通信來：薛公俠。」

六月二十日（7 月 29 日）：「通信來：薛公俠。」

六月二十一日（7 月 30 日）：「通信往：薛公俠、陳志群。」

六月二十二日（7 月 31 日）：「通信來：陳志群。」

六月二十六日（8 月 4 日）：「通信往：徐念慈。」

六月二十九日（8 月 7 日）：「通信往：徐念慈。通信來：陳志群。」

六月三十日（8 月 8 日）：「通信往：陳志群。」

七月初四日（8 月 12 日）：「通信往：曾孟樸。」

七月初六日（8 月 14 日）：「通信往：陳志群。」

七月初九日（8 月 17 日）：「通信往：曾孟樸。」

七月十一日（8 月 19 日）：「通信來：蔣韶九、薛公俠。」

七月十二日（8 月 20 日）：「通信往：薛公俠、劉琴生。通信來：顧述之。」

七月十四日（8 月 22 日）：「通信往：蔣韶九、曾孟樸。通信來：蔣韶九、徐念慈、金松岑。」

七月十七日（8 月 25 日）：「通信往：徐念慈。」

七月二十日（8 月 28 日）：「通信來：徐念慈。」

七月二十四日（9 月 1 日）：「通信往：金松岑。通信來：金松岑、洪伯賢。」

七月二十五日（9 月 2 日）：「通信來：薛公俠。」

七月二十七日（9 月 4 日）：「通信往：曾孟樸。」

七月三十日（9 月 7 日）：「通信往：曾孟樸、顧述之。通信來：顧述之。」

八月初五日（9 月 12 日）：「通信來：金松岑。」

八月初六日（9 月 13 日）：「通信來：曾孟樸。」

八月初七日（9 月 14 日）：「通信來：金松岑。」

八月初八日（9 月 15 日）：「通信往：徐念慈、顧述之、張雙南、

蔡松如。」

八月十一日（9 月 18 日）：「通信來：徐念慈。」

八月二十日（9 月 27 日）：「通信來：薛公俠。」

八月二十一日（9 月 28 日）：「通信往：言立夫、荊才、同甫。通信來：洪伯賢、金松岑。」

八月二十三日（9 月 30 日）：「通信往：薛公俠。」

九月初一日（10 月 7 日）：「通信來：陳志群。」

九月初三日（10 月 9 日）：「通信往：金松岑、嚴練如、蔣竹莊、張惟一、薛公俠、徐念慈。」

九月初五日（10 月 11 日）：「通信來：薛公俠。」

九月初六日（10 月 12 日）：「通信往來：陳志群。」

九月十七日（10 月 23 日）：「通信來：徐念慈。」

九月二十四日（10 月 30 日）：「小說林在一品香開股東會。」

十月初一日（11 月 6 日）：「合宴金松岑、祝心淵、薛公俠等於曾園。」

十月初四日（11 月 9 日）：「通信往：徐念慈。」

十月初六日（11 月 11 日）：「通信來：杜清持。」

十月初九日（11 月 14 日）：「通信來：曾孟樸。」

十月十二日（10 月 17 日）：「通信來往：薛公俠。」

十月十五日（11 月 20 日）：「通信往：徐念慈、金松岑、顧懷玉。」

十月十七日（11 月 22 日）：「通信來往：徐念慈。」

十月十九日（11 月 24 日）：「通信來往：徐念慈。」

十月二十日（11 月 25 日）：「通信來：徐念慈。」

十月二十二日（11 月 27 日）：「通信往：徐念慈、殷同夫、金松岑。通信來：徐念慈、言立夫、胡君鬝。」

十月二十五日（11 月 30 日）：「通信來：徐念慈。」

十一月初二日（12 月 6 日）：「通信往：金松岑。」

十一月初三日（12 月 7 日）：「通信往：曾孟樸、薛公俠。」

十一月初五日（12 月 9 日）：「通信來：徐念慈。」

十一月初六日（12 月 10 日）：「通信來：陳志群。通信往：徐

念慈、陳志群。」

十一月初八日（12 月 12 日）：「通信往：徐念慈。」

十一月十四日（12 月 18 日）：「通信來：徐念慈。」

十一月十五日（12 月 19 日）：「通信往：徐念慈。」

十一月十七日（12 月 21 日）：「通信來：薛公俠。」

十一月十九日（12 月 23 日）：「通信往：陳志群。」

十一月二十日（12 月 24 日）：「通信往：徐念慈、杜清持。」

十一月二十四日（12 月 28 日）：「通信往：曾孟樸、徐念慈。」

十一月二十五日（12 月 29 日）：「通信往：薛公俠。」

十一月二十七日（12 月 31 日）：「通信往：徐念慈。」

十一月二十八日（1908 年 1 月 1 日）：「通信來：金松岑。」

十一月三十日（1 月 3 日）：「通信往：徐念慈。」

十二月初一日（1 月 4 日）：「通信來往：曾孟樸。」

十二月初三日（1 月 6 日）：「通信往：金松岑。」

十二月初六日（1 月 9 日）：「通信往：徐念慈。」

十二月初八日（1 月 11 日）：「通信往：曾孟樸。通信來：鍾憲鬯。」

十二月初九日（1 月 12 日）：「通信往：徐念慈、薛公俠。通信來：薛公俠。」

十二月初十日（1 月 13 日）：「通信往：徐念慈。」

十二月十一日（1 月 14 日）：「通信來：徐念慈。」

十二月十二日（1 月 15 日）：「通信往：曾孟樸。通信來：金松岑。」

十二月十三日（1 月 16 日）：「通信來：徐念慈。」

十二月二十一日（1 月 24 日）：「通信來：薛公俠。」

從丁祖蔭《丁未日記》之《1907 年住址錄》中可以看出，他和幾位日本留學生保持通信聯繫，包括言立甫、顧雪梅、沈職公、殷同甫、屈荊才等五人。這些人很可能是《理學雜誌》的投稿者，或者是宏文館參考叢書系列的作者或譯者，全引如下：

錢仲希　南市徽宵碼頭瑞昌木號轉致

朱味英　南門外總馬橋吳源泰茶鋪轉寄

言立甫　日本東京巢鴨村 3518 番望嶽館

顧雪梅　同

趙穆士　南京中鎮街上江考棚照壁後百福巷陽湖趙

沈職公　日本東京牛込區市ヶ谷本村町陸軍士官學校清國學
　　　　生隊第三區

殷同甫　日本東京小石川區小日向水道端二丁目六十四番東
　　　　鄉館

屈荊才　同

洪伯言　太倉城內南國中學堂監督工程孟

張雙南　上海西門外京江公所間壁敦潤里圖書有限公司

光緒三十四年戊申（1908～1909 年）

1908 年 2～4 月，徐念慈在《小說林》雜誌第 9～10 期發表《余之小說觀》與《丁未年小說界發行書目調查表》，從中可以看出，在 1908 年初，徐念慈確實準備重新整飭本社的小說出版，他有很多好的想法，可惜沒來得及實施。

1908 年 2 月 25 日，徐念慈請小說林社作者（譯者）李涵秋和王靜莊吃飯。

> 蔣維喬《鶼居日記》戊申年正月廿四日（1908 年 2 月 25 日）：
> 晚念慈招飲於一品香，在座者李漢秋〔註15〕、王靜莊〔註16〕二君，伯俞、練如及余。

其中，李涵秋是徐念慈的好友。徐念慈去世後，李涵秋寫下《哭徐念慈》組詩：

> 十日前頭接素書，商量事業到樵漁（一）。傷心文字皆成讖，撒手幽明便異居。濁世本無天可問，浮生覺比夢尤虛。申江樓上離筵酒（二），猶說重來訪故廬。
>
> 感事都應血淚斑（三），年來病骨已屢屢（四）。嫉人太甚寧爲鬼，入世嫌多肯出山。卅載終憐遺蛻疾，十年不爲著書閒（五）。鰓生筆墨今成帙，更向誰人乞手刪（六）。

<hr>

〔註15〕李涵秋（1874～1923），名應漳，字涵秋，江蘇揚州人，近代著名小說家。他的《雙花記》、《瑤瑟夫人》由小說林社出版。

〔註16〕王靜莊，江蘇寶應人，小說林社出版了他的著作《冷眼觀》，署名八寶王郎。

　　江草江花路幾重，故人灑淚悵秋風。便拋妻子心難死（七），遠隔關河訃未通。把劍俠腸終寂寞，修文幻想總朦朧。無端報紙傳君耗，猶祝相如字偶同。

　　大水江南釀巨災，萬家炊竈長青苔。百年不免老病死，一暝如歌歸去來。但有孤魂縈墓木，莫傳時事到泉臺。書齋我亦蕭條甚，如此吟詩事可哀。

　　涵秋自注：（一）前致余書云：「當夕陽西下，躑躅馬路中，覺此身如寄，反感似此片刻光陰，不容虛度。細觀彼輩，未必盡有恒業，而票碌若是，孤身閒步，反若不繫之舟，無所容之匏，不亦爲造物所笑耶。想我公聞之，或將以厭世相規也。暇偶讀唐詩，覺古人乃先我大徹大悟，執筆欲效爲之，又若不相似。」語語解脫，知其不祥，然不謂如是之遽也。（二）今歲孟春一晤君於滬上。（三）又論某文云：「人性狡猾，反翻雨雲，甲固非矣，乙未嘗是也。大抵人群益多，則傾軋排擠之風益盛，而其手段亦如偵探家之不易捉摸。弟歲僅三十餘，涉世十年而百念皆灰，恐此種前途於文明發達，實南轅而北轍耳。」（四）又云：「胃病旬日一發，如潮汐之不爽時，中西藥俱服，毫無效驗。西醫勸以不用心不動筆，是非窮措大所能享此福者。然則執筆以從役，又何異操刀以自殺哉。」（五）君所譯著之書甚夥。（六）余有所撰著，皆由君所發起之小說林印行。（七）君蘇人，攜眷來滬。（轉引自慈雲雙、伍大福《〈中國文學家大辭典‧近代卷〉「李涵秋」條辨正及其他》，《明清小說研究》，2007 年第 1 期。）

李涵秋又在《小說林》雜誌第十二期發表二首悼念徐念慈的五律：

　　所見皆徐子，君儕第幾流。艱難造時勢，著述富春秋。結社聯同志，新民唱自由。不堪半生事，轉眼等浮漚。

　　欲覓三年艾，偏飛六月霜。世無不死藥，醫有絕生方。去去人千載，依依淚數行。英才誰繼起，風雨慘虞陽。

1908 年 4～5 月，《小說林》雜誌第十期「新書紹介」欄發表了對《月月小說》雜誌第二年第一號的介紹，並表達了對於上海小說月刊紛紛停刊的惋惜，和希望碩果僅存的《月月小說》與《小說林》兩家雜誌互相提攜的願望。可見，當時小說期刊界的生存環境已經比較惡劣。可傷悼的是，六個月後（1908

年 10～11 月），《小說林》雜誌停刊；九個月後（1909 年 1 月），《月月小說》雜誌停刊。

> 月月小說　第二年第一、二號　群學社發行　每冊四角五分
>
> 上年已出十二號，足成一年，此其第十三、十四號也。十三號新年出版，故圖畫多至六頁，小說仍前各種外，如滑稽小說之《諸神會議》，短篇小說之《女偵探》，《今年維新》，《公冶短》等，末附燈謎。十四號承前各種外，每期更換小說如《自由結婚》，《南鄹都閱兵記》等，趣味亦甚豐富。總計海上月刊小說，若《新小說》，若《新新小說》，若《繡像小說》，若《新世界小說社報》，若《小說七日報》，若《競立社小說月報》，皆成過去陳迹。僅存《月月小說》與本社刊行《小說林》二種而已。深望互相提攜，延其壽命，勿致墜緒中途也。

1908 年 5～6 月，《小說林》雜誌第十一期發佈《敬告愛讀〈紅樓夢〉諸君》的廣告：

> 我國舊小說，以《紅樓夢》爲第一，其中深文奧義，命名記時，甚至單詞片語，篇章句讀，每每人執一詞，家騰一說，津津樂道之，然未有輯成專書者。本社敬告愛讀諸君，苟有發明之新攷據，新議論，新批評，新理想，不論長篇短札，以及單詞隻義，請寄交本社發行所。《小說林》報中專設「紅樓叢話」一門，擇尤登載之。俟積久成帙，即精印單行本，分贈投函諸君，以酬雅意，幸勿吝教。

1908 年 7 月 14 日，徐念慈去世，終年三十四歲。病因是胃病復發，誤服猛劑而亡。

> 蔣維喬《退庵日記》戊申六月十六日（1908 年 7 月 14 日）：「晨七時念慈病危。渠家來託請俞鳳賓君診治。余於八時至其寓訪之，見其言語模糊，神識不清。迨到編譯所，俞君有電話來，言已去世矣。伊弟於今晨趕回常熟，家中只有婦孺。余急趕回，往促吳書箴來，遂與孟樸等偕訪余仲還。至錫金公所，購棺木。唐君孜權亦來。於是書箴入城購衣衾，孜權往辦神像，於午後四時小殮。」
>
> 丁祖蔭《徐念慈先生行述》云：「六月十三日舊疾復作，誤服猛劑，吐瀉不止，竟以十六日卒，春秋三十有四。妻元和朱氏，子

女各二。」

1908 年 7 月，曾樸入端方幕。

> 徐兆瑋《戊申日記》戊申六月十七日（1908 年 7 月 15 日）云：
> 「與張映南書云：……孟樸已爲陶齋入幕之賓，不似前此之抑塞矣。」

1908 年 8 月 5 日，徐念慈追悼會在常熟民校召開。

> 《丁祖蔭日記》戊申年七月初九日（1908 年 8 月 5 日）：「爲徐
> 君念慈開追悼會於民校。」

1908 年 9～10 月，《小說林》雜誌第十二期出版，這是小說林社最後的出版物。該雜誌是徐念慈悼念專號。

1908 年 10 月 5 日，上海書業商會商議爲徐念慈開追悼會事。

> 蔣維喬《退庵日記》戊申九月十一日（1908 年 10 月 5 日）：「書
> 業商會前日有函來，約今晚八時到會商議開徐君念慈追悼會事。余
> 因陰雨，憚於出門，覆函贊成之。」

1908 年 10 月 11 日，尚公小學爲徐念慈開追悼會。

> 蔣維喬《退庵日記》戊申九月十七日（1908 年 10 月 11 日）：「上
> 午尚公小學爲徐君念慈開追悼會，十一時方畢。」

徐念慈去世，曾樸又入端方幕，小說林社無人主持大局，出版業務陷於停頓。

> 徐兆瑋《戊申日記》六月二十五日（1908 年 7 月 23 日）：「與
> 丁芝孫書云：……念慈遽逝，吾黨又弱一個矣。刻得唐君海平來函，
> 附寄怪奇小說兩種，欲紹介於小說林。未知滬上現由何人主任，伏
> 祈足下代爲通郵。」

> 六月二十八日（7 月 26 日）：「丁芝孫函云：手簡誦悉，念公遽
> 卒，孟公北行，社中收稿無人主持，如可待至一月外者，則暫存敝
> 處，否則即行寄還。」

> 十月二十日（11 月 13 日）：「與丁芝孫書云：前寄短篇小說二
> 種，小說林想不收稿，望便中交翰叔或肅叔轉寄唐海平，庶無遺失。」

本年度出版志

戊申正月

《電感》，英國哈本著，木子譯。

《遺囑》，英國華登著。

《小說林》雜誌第九期

戊申二月

《中國偵探砒石案》，傲骨著。

《中國偵探鴉片案》，傲骨著。

《新紀元》，碧荷館主人著。

小本小說第三集第一種　《鴛鴦碑》，李小白著。

戊申三月

《冷眼觀》三，八寶王郎（王靜莊）著。

《劍膽琴心錄》，硜端著，斯人譯。

小本小說第三集第二種　《甕金夢》，湖州現愚著。

小本小說第三集第三種　《金翁葉》，蔣景緘著。

小本小說第三集第四種　《將家子》，小說林總編譯所著。

小本小說第三集第五種　《黑革囊》，平山懶禪著（疑是譯本）。

《小說林》雜誌第十期

戊申五月

《蘇格蘭獨立記》卷二，女士陳鴻璧譯，東海覺我校正。

《小說林》雜誌第十一期

戊申九月

《小說林》雜誌第十二期

本年月份不詳

《聶格卡脫偵探案》十四，美國紀克著，華子才譯。

《聶格卡脫偵探案》十五，美國紀克著，華子才譯。

《聶格卡脫偵探案》十六，美國紀克著，華子才譯。

光緒三十五年己酉（1909 年）

　　1909 年 1 月，小說林社結束，所出版的書以三千元的價格，盤給狄葆賢的有正書局。

　　　　1909 年 1 月 17 日《時報》上的《小說林發行所遷移廣告》云：

「本發行所現已遷至望平街有正書局内，所有批發各主顧、函件等，請至此處交易爲盼。小說林發行所啓」（按：這應該是小說林社書籍盤歸有正書局的委婉說法。）

包天笑《釧影樓回憶錄》（香港大華出版社，1971 年版，427 頁）云：「曾孟樸的『小說林』出版所結束，他做官去了，將『小說林』所出版的書，以三千元全部抵押於『有正』，因此《孽海花》的再版亦是有正所印行。及至孟樸罷官，與他的法國留學回來的大公子盧白，再開『眞美善書局』，方向有正書局贖回。

包天笑《釧影樓回憶錄》（香港大華出版社，1971 年版，328 頁）又云：「在從前以一個文人，辦點商業性質的事，終究是失敗的多數。小說林也是如此，雖然所出的書，倒也不少，銷路也不差，還是虧本。譬如說：放出的賬，收不回來；管理處不得其法等等；而且出版物是有時間性，尤其是小說。他們是自辦印刷所、排字房的，後來搜出了半房間的鉛字，都是拆了版子，不歸原位，傾棄在那裡，只好作爲廢鉛賣了，諸如此類，都是吃了人家的虧。《時報》後來的失敗也是如此，他們兩位，狄楚青與曾孟樸，都是公子哥兒呀！」

按：包天笑提到曾樸失敗的一個重要原因：不善經營。曾盧白說小說林社倒閉因爲發行大辭典等虧了本，但包天笑在這裡提供了曾盧白說法之外的另一個可能。筆者認爲還有一個可能，在 1908 年底、1909 年初的時候，新小說可能已經不太爲讀者歡迎了。（讀者面太狹窄，主要是由舊學界入新學者，這些人看新小說只是圖個新鮮，久了就膩了，而新的讀者群——市民和新學生還沒有成長起來。而民國過後，鴛鴦蝴蝶派的小說大流行，可能是由於照顧到市民讀者，小說出版界又有所回暖。）因爲在這個時間段，上海僅存的兩種小說雜誌《小說林》、《月月小說》先後停刊。

《丁祖蔭日記》1909 年有許多和時報館通信的記載，很可能是討論把小說林社盤給有正書局的一些後續事件。

閏二月二十日（1909 年 4 月 10 日）：「通信：時報館。」

三月二十九日（5 月 18 日）：「通信：時報館、申報館。」

四月初一日（5 月 19 日）：「通信：時報館、申報館。」

五月十八日（7 月 5 日）：「通信：申報館、時報館。」

　　八月初一日（9 月 14 日）：「通信：時報館。」

　　1909 年 7 月，林紓極其賞識曾樸，以至於將自己被商務印書館拒絕的譯作《囹圄春光》託人轉送給曾樸。

　　徐兆瑋《虹隱樓日記》宣統元年閏二月二十七日（1909 年 4 月 17 日）：「（林紓）於近日小說家推老殘、孟樸二君。老殘人謂是劉鐵雲，不知確否？其實以《老殘遊記》和《孽海花》比較，《孽海花》尤勝也。唐蔚芝亦推重孽海花，而以戛然中止爲憾事。」

　　徐兆瑋《虹隱樓日記》宣統元年六月初三日（1909 年 7 月 19 日）：「昨，林琴南寄小說一冊與孫師鄭，託其轉寄曾孟樸，係英國名家倭利物古爾斯密著，名《囹圄春光》。商務印書館以已經復譯，欲以賤值轉售，而琴南不欲，故以贈孟樸。燈下讀一過，筆墨簡潔，故自勝人。」

民國五年（1916 年）

　　1916 年，商務印書館擬購小說林社小說版權，張元濟屢次和曾樸函商，可惜沒有下文。但從這點上，也可以看出小說林社出版物的影響之大以及質量之高。

　　《張元濟日記》（石家莊：河北教育出版社，2001 年版。頁 115，173，175，179，182，184，194。）1916 年 7 月 10 日：【編譯】函詢曾孟樸小說林各書、張鐵民《華生包探案》版權有無讓售之意。張鐵民回信，言書久未印，版權爲己所有。

　　1916 年 9 月 26 日：【編譯】致曾孟樸信，欲購小說林著作權事，託公勃轉交。

　　1916 年 9 月 29 日：【編譯】裘公勃來信，曾孟樸約十日後來滬。據曾云，其中情節甚多，須先商狄楚青，一切面談。

　　1916 年 10 月 16 日：【編譯】致曾孟樸信，聲明將出遊。如來滬，請與拔、劍兩公接洽。

　　1916 年 11 月 14 日：【編譯】夢翁交來小說林小說估價單兩紙。

　　1916 年 11 月 18 日：【天頭】復曾孟樸信，由編譯所具稿。稿及來信均存編譯所。

　　1916 年 12 月 25 日：【應酬】曾孟樸住寓蔓盤路三德里內京北

　　里六四三號。

民國十六年（1927 年）

　　1927 年，曾樸和曾虛白父子創辦眞美善書店。書店設在上海山東中路福州路北的望平街，出版過《眞美善》月刊和文藝類的單行本，目的是對西方文學（主要是法國文學）做一個有統系的譯述。此外尙出版了《孽海花》的修訂本。這個書店繼續了曾樸在小說林社時期破滅的世界文學的夢。1931 年，眞美善書店結束。

附錄三　蔣維喬日記中的小說林社史料

　　按語：蔣維喬（1873～1958），字竹莊。江蘇常州人。他的日記自 1896 年始，到去世爲止，一直保持完好。1903～1912 年，蔣維喬第一次出任商務印書館編輯。此期間，他和上海的文化人交往密切，日記裏面因此保留了大量關於小說林社的資料。小說林社，1904 年由曾樸、丁初我、徐念慈等人創立於上海，1908 年結束。出版有近百種單行本小說，及《女子世界》、《理學雜誌》、《小說林》等三種雜誌。蔣維喬日記中保存的小說林社史料，最有價值的當是：小說林社的專任譯員除了衆所周知的陳鴻璧女士外，還有英文譯者吳步雲。此外，日記中還保留了蔣維喬與小說林社成員丁祖蔭、徐念慈、曾樸、金天羽、陳鴻璧等人交往的大量史實。

　　標點爲選注者所加。日記原文有筆誤處，用圓括號注出；有漏字或刪節後不易瞭解處，以方括號添字或加注。原文有模糊不清處，用□表示。

　　承蒙汪家熔先生慷慨借與蔣維喬日記的手稿複印件，特表感謝。

鷦居日記

壬寅年（光緒二十八年，1902～1903）

　　二月二十六日　偕鍾憲鬯先生、丁君芝孫〔註1〕、黃君子彥同舟渡江至滬，赴中國教育會。舟小風大，至中流浪高丈餘，振動殊甚。四人促膝長談，

〔註1〕丁祖蔭（1871～1930），字芝孫，號初我。江蘇常熟人。1904 年，與曾樸、徐念慈等人創辦小說林社。《女子世界》雜誌的主辦者之一。著名藏書家。

言笑自若，亦殊壯甚。既渡江而無輪舟，已不及與會，遂返。

十月初一日　偕丁君芝孫赴虞山，謁金井秋蘋君。金井日本人，留德國八年，今春來遊歷虞山。虞山諸同志就學東文法。

十月初四日　偕金井君、芝孫君、季君似谷同遊虞山。

十月初七日　偕丁君芝孫、季君似谷赴滬。

癸卯年（光緒二十九年，1903～1904）

十一月廿七日　晚寫芝孫、松岑〔註2〕信各一。

十二月初四日　晚飯後作丁芝孫太夫人鄒節母（作此字為衍文）家傳。

鄒節母家傳

辛丑之歲，余識常熟丁君初我於江陰南菁講舍。相見之始，有如夙契，晨夕聚首，相與討論學問，縱談天下事，而知初我為績學之士也。初我為人慷慨任俠，痛中國之不振、社會之腐敗，於戊戌年間，即集合同志，創建藏書社，購置新書新報，任人觀覽，以開通風氣。又立常昭小學堂，以教邑中子弟。其公德之美若是。余又信初我為豪傑之士也。

是歲之秋，初我邀余同遊虞山，舍於其家。入其門雍雍然，登其堂蕭蕭然，家庭和樂，勤儉中度。余始知初我乃少孤，其學問之富，公德之美，慷慨任俠之風，乃悉秉太夫人鄒節母之教也。

節母幼而敏慧，好讀書，通曉大義。君先考小亭先生早卒，節母躬操家政，自待極儉，教子以義方。今初我已知名於當世，社會之士無不知初我。教初我者節母，獨時時勖之曰：國家前途不可知，於身家乎何有。汝□多為公共事業，乃吾素志也。烏呼！節母之訓，奚獨訓初我，亦足為吾輩之座右箴已。夫嚴師益友，固足賴以增長學問、培養道德，然不如秉於母教之尤篤且摯。古來聖賢豪傑之成於母教者，我國歷史所載指不勝屈。蓋其自幼至長，涵育薰陶於有

〔註2〕　金天羽（1873～1947），初名懋基，改名天翮，又名天羽，字松岑，號鶴望，別署金一、麒麟、愛自由者、天放樓主人等。江蘇吳江同里鎮人。早年肄業江陰南菁書院，創辦同川自治學社，後擴展為同川兩等小學。創辦明華女學。中國教育會成員，曾為鄒容出資印行《革命軍》。創作了《孽海花》前六回。《女子世界》雜誌的主辦者之一。為小說林社譯有偵探小說《大復仇》（與奚若合譯）、言情小說《妒之花》。

形無形之間，較諸嚴師益友之效，殆不可以道里計也。況節母之通大義、明公德，固不斤斤於中國之舊說哉！初我之能盡力於社會宜奚。

　　癸卯之冬初，節母以病卒，春秋五十有四。初我郵書於余，使以文傳節母。余固不敢辭也，且附形史之義，以報初我。余尤願初我益盡力於社會，有以慰節母於地下也。

十二月初五日　寄丁芝孫信，寄羅蘭信。接松岑〔信〕。晚至大馬路瀛園洗浴。歸後，寫松岑答書。

十二月初七日　午後發松岑信。

十二月十一日　午後遣人至大同印書〔局〕，取《女子世界》〔註3〕第一期。一捐入閱報所，一捐入圖書館。《女子世界》，為常熟丁君芝孫等所創。余每月擔任論說一篇。晚飯後擬《女子世界》論說，題為《中國女學不興之害》〔註4〕。

十二月十三日　晚間續作論說。續前稿。

十二月十五日　余先至大同印書局，將論說稿交女子世界社。又捐《女子世界》一分入愛國女學校。即攜至儀器館，託轉交鍾先生。發丁芝孫函，囑伊將《女子世界》改良，又得金君松岑信，即覆之。……〔晚間〕再作函與芝孫，述《女子世界》改良應添教育、雜錄兩門。

甲辰年（光緒三十年，1904～1905）

正月初六日　上午至志毅處，未遇。又至福如處取《禮宅神記》、《五路說》兩篇，擬寄登《女子世界》〔註5〕。

正月初八日　下午圖書館開演說會，並設女子講座。余同羅蘭往至，則演說已開。先由莊君伯俞演說推廣圖〔書〕館事，次由莊君仲希演說家族改

〔註3〕《女子世界》雜誌，常熟女子世界社編。1904年1月17日出版於上海。一至八期由大同印書局發行。1904年秋，小說林社在上海成立，所以《女子世界》雜誌自1904年9月第九期始，改由小說林社發行。1906年停刊。該雜誌由丁祖蔭、金天羽二人主持，主要撰稿人有蔣維喬、柳亞子、高吹萬等人。

〔註4〕竹莊《論中國女學不興之害》，《女子世界》第三期，1904年3月17日。

〔註5〕查《女子世界》目錄，未見此二文，當是未被採用。

良，次由屠君敬山演說宗教源流，次由程君瑤笙演說商務，……次由余演說俄日爭戰之原因結果而散。羅蘭在女座演說女子宜讀書、不纏足、不佞佛三事〔註6〕，吳女士絡敷亦演說女子不可妝飾。

二月初十日　午後發家書及芝孫、松岑各一函。

二月十七日　又寄松岑、芝孫各一函，及女校募捐冊各一。晚偕伯俞、愼冰〔註7〕至瀛園洗澡。

二月十九日　晚草《女權說》〔註8〕稿，以寄常熟女子世界社。錄後（略）。

二月廿二日　傍晚至女校。馬君幼漁欲合余與徐君仰人等共延一英文教〔習〕。余聞之甚喜。因余今歲欲從事英文，而無師也。擬邀吳君步雲〔註9〕爲教員，即借女校中上課，每晨七時至八時。

二月廿四日　今午接芝孫、松岑函各一。

二月廿六日　七下鐘至女校，讀英文。余去年所讀者，強半遺忘；今年幾中輟。適有友人馬君幼漁可同班，遂倩吳君步雲爲教習，於今晨爲始。

三月初一日　傍晚至女校演說。鍾憲公、湯爾和公亦先後演說，余即將前日所著《女權說》大意演講之。

三月十二日　午後往女校見張女士竹君。女士在粵東設有醫院，此次欲赴日本，道過滬上。金君松岑亦自同里至，與之談至十下鐘方歸。

三月廿四日　傍晚七下鐘至博愛醫院，讀英文。因早上時間太促，故吳步雲君改在下午教授。彼處另行組織成兩班，然將晚之時頗傷目力，故擬仍與虞士勳君等改延一教習，在儀器館上課，尚未成議也。

三月廿五日　傍晚六下鐘往讀英文。教習已請定，明日擬至儀器館上課。

四月初八日　午後作社說一篇，錄左，寄常熟。《記日本娼婦安藤夭史事》

〔註6〕常州女士張羅蘭《圖書館演說》，《女子世界》第三期，1904 年 3 月 17 日。
〔註7〕謝愼冰，江蘇常州人，常州人演譯社成員，後入商務印書館，爲小說林社譯有偵探小說《銀行之賊》。
〔註8〕竹莊《女權說》，《女子世界》第五期，1904 年 5 月 15 日。
〔註9〕吳步雲，江蘇吳縣人，曾爲蔣維喬的英文教師，後經蔣維喬介紹，入小說林社擔任英文譯員。爲小說林社翻譯了豔情小說《女魔力》、《萬里駕》，偵探小說《一封書》、《彼得警長》。後入商務印書館，擔任《英文雜誌》主編，署名吳繼杲。（吳步雲入商務及擔任《英文雜誌》主編一事，承蒙商務印書館陳應年先生告知。不敢掠美，特此說明。）

（略）〔註 10〕。

四月十一日　作金君松岑答書。

四月十三日　發丁君芝孫信。

四月廿八日　金君松岑來。

四月廿九日　晚偕金君松岑訪李君復生不遇。

五月初一日　接丁君芝孫函。

五月廿三日　晚作家書及丁君芝孫書。

五月廿四日　得金君松岑書，要余至同里教樂歌。然余殊未能往也，作書覆之。

五月廿五日　曾君孟樸〔註 11〕來函，託代請小說林英文譯員，已薦吳君步雲。

五月廿八日　午後得芝孫函，即時作答。又王君引才代同里倩音樂教習，已聘定葉君典臣，有信來。即日爲之訂約，再發函先告松岑。

六月初十日　晨七下鐘至音樂會教歌。午後四下鐘開演說會。來聽者有百數十人，座爲之不能容，多立聽者。先唱開會歌。次由嚴練如君演說開會緣起。次由屠敬山君演說日俄戰爭。次由余演說音樂之關係。次唱合群歌。遂散會。

《甲辰年暑假記事》、《音樂之關係》（略）〔註 12〕

六月十二日　接佩忍、松岑書。

六月十五日　得蔡子民君來書及松岑書。

六月十六日　作函與鍾君憲鬯及丁君芝孫。

六月廿三日　午後接丁君芝孫信。

七月初二日　接丁君芝孫書，託聘歷史地理教員一人，即馳書滬上，託王君引才轉聘。並致書蔡子民君及復芝孫函。

〔註 10〕竹莊《記日本娼婦安藤天史事》，《女子世界》第六期，1904 年 6 月 14 日。

〔註 11〕曾樸（1872～1935），字孟樸，又字小木、籀齋，號銘珊，別號東亞病夫、病夫國之病夫。江蘇常熟人。1904 年與丁芝孫、徐念慈等人創辦小說林社。著述甚富，接續金松岑而著的《孽海花》是其代表作。三十年代於上海開設眞美善書店，出版《眞美善》雜誌及多種單行本小說。

〔註 12〕載《女子世界》第八期，1904 年 8 月。

　　七月十一日　　晨往訪徐念慈〔註13〕，介紹練如往常昭公立小學，任國文、歷史、地理教科。

　　七月十二日　　晚偕練如往訪徐君念慈。

　　七月十四日　　〔午後〕五下鐘往訪曾君孟樸。

　　七月十六日　　常熟曾君孟樸、丁君芝孫創辦小說林社，委爲代聘英文翻譯。余薦吳君步雲，於是日訂聘約。

　　九月初八日　　金君松岑、丁君芝孫均來滬，與之盤桓竟日。晚間爲奚君校改小說稿。

　　九月十一日　　晚代奚君伯綬〔註14〕改西文小說稿。

　　九月十三日　　晚偕芝孫及憲鬯先生大餐。

　　九月十五日　　午後往訪丁君芝孫，晚爲奚君校正小說稿。

　　九月廿七日　　得松岑及培齡書，即作覆。

　　十月初四日　　寄仁冰譯《銀行之賊》小說與芝孫。

　　十月初六日　　芝孫來書，即覆之。

　　十月初八日　　八時至十時代奚君改西文小說稿，接松岑與述之函，即日復之。

　　十月十五日　　晚改小說稿，作家書及丁芝孫、王冠時信各一。

　　十月十六日　　接丁芝孫及孫濟扶來書。

　　十月十七日　　致書松岑及芝孫。

　　十月廿二日　　練如來函言明年就務本之聘，即日覆之，並與芝孫書。

〔註13〕徐念慈（1875～1908），字彥士，別號覺我、東海覺我，江蘇常熟人。小說林社的創辦者之一，《小說林》雜誌的主編。他所創作的《新法螺先生譚》是中國最早的科學幻想小說之一。此外，他還爲小說林社譯有科學小說《黑行星》、冒險小說《海外天》、言情小說《美人妝》、軍事小說《新舞臺》等多種作品。

〔註14〕奚若（1880～1915），字伯綬，江蘇元和人，商務印書館編輯（奚若爲商務編輯一事承蒙陳應年先生告知）。爲小說林社翻譯了偵探小說《大復仇》（與金一合譯）、《福爾摩斯再生案》（與周桂笙合譯）、《秘密隧道》、《髑髏杯》、《馬丁休脫偵探案》、科學小說《秘密海島》、言情小說《愛河潮》等多種小說。他的譯作大多經過蔣維喬的潤色。

十月廿九日　寄芝孫書，寄奚君所譯小說稿，約二萬餘字。

十一月初七日　芝孫來函，述《花神夢》小說稿事，即復之。

十一月十一日　作書與芝孫。

十一月廿九日　與芝孫及念慈書。

十二月初一日　寄西文小說稿與芝孫。

十二月初八日　接練如、芝孫來書，已覆。

乙巳年（光緒三十一年，1905～1906）

二月十九日　晚練如來，同往訪曾孟樸。歸後改小說稿。

二月廿一日　晚偕伯綏譯《育兒法》一篇，寄《女子世界》〔註15〕。

二月廿二日　晚偕伯綏譯英文小說。

二月廿五日　午後往訪金君松岑，松岑於今日到滬也。

二月廿九日　念慈到滬，傍晚偕練如同來。

二月三十日　晚念慈、練如來。

三月初五日　八時往曠野散步，十一時偕練如往訪念慈。

六月初二日　念慈自虞山來，與之暢談。

六月初四日　〔晚〕八時偕練如同訪念慈。

六月初六日　〔晚〕八時後，偕練如及念慈往瀛園沐浴。

七月廿四日　晚偕伯綏譯小說。

八月初五日　下午偕練如、念慈出外遊散。

八月十一日　晚偕練如、念慈至儀器館。

八月十二日　晴。星期停工。伯綏、練如、念慈、志毅來家中午餐。

八月十五日　上午偕練如、念慈至何氏學堂。

八月廿四日　午後三時偕練如、念慈赴辛園。

九月初三日　練如、念慈來，同往張園。

〔註15〕竹莊《育兒法》，《女子世界》第十二期，原刊未署出版時間，據夏曉虹師考
　　　證，此期的出版日期是 1905 年 4 月。見夏曉虹《晚清女性與近代中國》69
　　　頁、108 頁，北京：北京大學出版社，2004 版。

九月十七日　下午偕練如、念慈至頤園。

十月初十日　十時至十一時，代念慈至師範學校教歷史。

十月十五日　十一時至師範學堂代教歷史。

十二月十一日　午後偕練如、念慈往寶記攝影。

丙午年（光緒三十二年，1906～1907）

二月初二日　午後許君志毅來，志毅已受南洋公學中院教習之聘。

二月初三日　至師範學堂，〔與〕練、念二公談天。

二月初六日　晚五時，徐君念慈約往江南村晚餐。

二月初七日　九時至十一時至儀器館上博物課，十一時後至編譯所辦事。晚五時至六時，至師範學校與嚴徐二公研究植物，歸後溫習二小時。

二月初十日　至辛園，練如、念慈先在。

二月十三日　午後五時至六時，偕練如、念慈研究植物學。晚往萬福居請丁君芝孫晚餐，在座者曾君孟樸、徐君念慈、嚴君練如。

二月十五日　下午五時至師範學校，與嚴徐二公研究植物學。

二月十六日　八時後，挈振元往瀛園沐浴，遇練如與念慈。

二月二十三日　午後五時至六時與練如、念慈等研究植物學。

二月二十四日　下午葛循叔偕其同鄉鄭壽金來訪，遂同至辛園，遇徐築岩〔註16〕、孫勉齋、曾孟樸、徐念慈。

二月二十五日　下午偕練如至辛園遊散，遇徐君築岩、孫君勉齋、曾君孟樸。

三月初四日　午後六時偕練如等研究植物學。晚七時至八時偕伯綏譯植物學。

三月初五日　午後六時偕練如等研究植物學。

三月初六日　〔午後〕六時半至一品香赴許志毅、奚伯綏之約，在座者于瑾懷、莊伯俞、唐孜權、徐念慈、嚴練如、陳駿生諸君。

〔註16〕徐卓呆，名傅霖，字卓呆，號築岩，江蘇吳縣人。為小說林社翻譯了小說《大除夕》。

三月初八日　伯俞、練如、書箴、念慈來寓午餐。

三月十一日　午後五時至師範學堂，偕念慈等研究植物學。

三月十二日　午後五時偕念慈等研究植物。

三月十六日　午後五時偕練如、念慈、志毅研究博物。

三月十八日　午後五時偕念慈等研究植物，晚七時至九時偕伯綏譯植物學。

三月十九日　午後五時偕練如等研究植物，晚六時至八時偕伯綏譯植物學。

三月二十日　午後五時至江蘇學務總會，又至小說林印刷部。

三月二十一日　午後五時至六時偕念慈等研究植物。

三月二十三日　午後五時至師範學堂，偕練如、念慈等研究植物。

三月二十四日　午後五時偕練如等研究植物。

三月二十五日　午後五時偕練如等研究植物。

三月二十七日　午後五時偕練如等研究植物。

三月二十八日　午後五時至師範學堂，偕念慈等研究植物。

四月初一日　午後五時偕練如等研究植物學。

四月初二日　午後五時偕念慈等研究博物。

四月初三日　午後五時偕練如等研究博物。

四月初四日　午後五時偕練如等研究植物。

四月初八日　午後五時偕練如等研究植物學。

四月初九日　午後五時偕念慈等研究植物。

四月初十日　午後五時偕練如等研究植物。

四月十一日　午後五時至師範學堂，偕練如研究植物。

四月十二日　午後五時偕念慈等研究博物。

四月十四日　午後五時偕練如等研究植物。

四月十六日　午後五時偕念慈等研〔究〕植物學。

四月十八日　午後五時偕練如等研究植物學。

四月十九日　午後五時偕念慈等研究〔植物學〕。

六月廿八日　八時偕練如至張園，晤琳叔，徐念慈亦來。

七月十二日　午後六時至江蘇學會，復偕練如、念慈至留園乘涼。

八月十四日〔午後〕三時偕練如、念慈至味蓴園遊玩。

十一月十六日　晚至師範校中，偕伯俞、練如、念慈等會議明年開辦尚公小學校事。蓋明年師範講習所停辦，余等公共保存小學校。商務印書館每年任常年費一千元，其餘不足之費由校董擔任。夏瑞芳、高夢旦、練如、念慈、伯俞及余均任校董，而余等四人且擔義務教科。

十一月二十三日　晚八時往瀛園沐浴，遇念慈。

丁未年（光緒三十三年，1907～1908）

正月廿五日　八時後至瀛園沐浴，練如、念慈、伯俞、朵山先在。

二月初五日　八時念慈招往一品香晚餐。

二月初八日　晚虞君含章為徐亞伯、徐粹庵二公餞行，邀往作陪。念慈、練如亦在座。

三月廿四日　晚六時偕伯俞、練如、朵山宴請陸君扶軒於一品香。楊君翼之、徐君念慈亦在座。

四月初一日　十一時顧君述之邀往半醉居午膳。在座者丁君芝孫、蔡君松如、胡君雨人。膳畢同往辛園長談。晚，余與松如合請芝孫於一枝香，仍邀顧、胡二人作陪。

四月初八日　午後偕書箋、念慈、志毅往羅氏花園訪宗仰。

四月廿八日　晚六時曾孟樸君邀往旅泰西餐。

九月初九日　午後三時偕練、伯二公至徐園，後至愚園，遇徐君念慈。

十月廿六日　愛國女校突於今日四教員與辦事人衝突，聯合辭職。學生大恐。余往調和。午後往訪志毅，未遇。晚復偕徐君念慈往愛國調和。四教員仍允上課，方歸。

十一月十一日　午後三時至張園，練如同往。又遇伯俞、念慈、仲敏、湘帆等。五時偕念慈赴旅泰大餐。此次乃愛國女校所請。座有高君嘯桐、陶君惺存、徐君仲可等，陳君佩忍等，為籌經濟故也。

十一月三十日　八時後至瀛園沐浴，遇念慈、練如、伯俞、湘帆。

十二月十八日　晚徐君念慈邀往一品香晚餐。虞含章、楊翼之、伯俞、練如、孟樸均在座。

戊申年（光緒三十四年，1908～1909）

正月初二日　上午至愛國女校訪書箴、紫劻二君，遂同來家中。復邀念慈、孜權，適懋哉亦至。因余生日，請諸人吃面。

正月初十日　晚，楊君翼之北上，約於瀛園談天。伯俞、念慈皆來。

正月十一日　晚，練如、伯俞、念慈、孜權等來談。

正月廿四日　晚念慈招飲於一品香，在座者李漢秋〔註17〕、王靜莊〔註18〕二君，伯俞、練如及余。

三月初五日　午後至福安茶居待朵山不至，而念慈適來，談數小時。

退庵日記

四月十四日　晚至瀛園沐浴，遇練如、念慈二公。

五月初二日　晨八時偕夢旦、練如、朵山、念慈諸君乘火車赴無錫。因蔡君松如邀請遊惠山也。

六月十六日　晴。晨七時念慈病危。渠家來託請俞鳳賓君診治。余於八時至其寓訪之，見其言語模糊，神識不清。迨到編譯所，俞君有電話來，言已去世矣。伊弟於今晨趕回常熟，家中只有婦孺。余急趕回，往促吳書箴來，遂與孟樸等偕訪余仲還。至錫金公所，購棺木。唐君孜權亦來。於是書箴入城購衣衾，孜權往辦神像，於午後四時小殮。

六月十七日　徐君築岩來談念慈善後事宜。渠意欲令其夫人至愛國女校任內庶務，女仍讀書，男仍在尚公，均不取學費，幼者交粹庵夫人。余亦以為然，遂便道往告紫劻。八時三刻至編譯所，途中偶得輓聯一付。十一時五十分回來，購白布，請鈕君宜寫成。午後三時往訪俞君鳳賓，並請治心胃病。渠雲心瓣膜卻壞，胃尚不至十分腫大，因用二種藥兼治之。五時後回家。吳

〔註17〕李涵秋（1874～1923），名應漳，字涵秋，江蘇揚州人，近代著名小說家。他的《雙花記》、《瑤瑟夫人》由小說林社出版。

〔註18〕王靜莊，江蘇寶應人，小說林社出版了他的著作《冷眼觀》，署名八寶王郎。

君書箋來，言念慈夫人入愛國義不容辭，並云見宗仰後，知羅女士極願得一幫同料理家務之人，可使伊夫人兼往，云云。余即以此二事告徐築岩君。

六月十八日　午後徐君念慈大殤，余等皆往拜，並與孟樸等商量善後。均以開追悼會，邀請同好，囑其送一厚賻為其家撫恤之費為然。擬俟暑假後，人數齊集再辦。余輓念慈聯錄後：

我向持齊死生之說，乃因同病相憐，為君灑了數行淚；

君寢疾三四日而亡，回憶臨終訣別，惟我猶存一面緣。時同好皆不在滬

橫額：嗚呼年加於顏子二歲

伯俞輓念慈之聯頗佳，亦錄之：

其人實大教育家，如此苦心，可謂難矣；

自後讀小說林者，不見覺我，能無慟乎。

九月十一日　書業商會前日有函來，約今晚八時到會，商議開徐君念慈追悼會事。余因陰雨，憚於出門，覆函贊成之。

九月十七日　上午尙公小學為徐君念慈開追悼會，十一時方畢。

十二月初六日　晚往訪曾君孟樸，計議愛國女校事。

己酉年（宣統元年，1909～1910）

二月十七日　念慈夫人於今晨到滬，住於余家。現介紹伊往半園女學幫辦蒙養院，不日將赴常州矣。

二月十九日　晨八時偕練如往訪徐粹庵於湖州旅學。為念慈夫人至常州半園女學作保姆，特囑粹庵善視母子，勿強之下鄉。粹庵首肯。

辛亥年（1911）

五月初五日　十二時開家宴。余夫婦二人，及忠元、傳元、侄女、寄女、故友念慈之女蘊貞共七人一席。宴畢，往寶記攝影。

九月初一日　午後鄭生一書、陳生寶珠偕陳鴻璧〔註19〕女士來談。

（注：本文已發表於日本《清末小說》第29號，2006年12月。）

〔註19〕陳鴻璧，廣東新會人，小說林社譯員。為小說林社翻譯了歷史小說《蘇格蘭獨立記》，科學小說《電冠》，偵探小說《印雪簃譯叢》、《第一百一十三案》等作品。

附錄四　徐兆瑋日記中的近代小說與出版史料——以小說林社爲中心

　　按語：徐兆瑋（1867～1940），字少遽，號倚虹，又號虹隱，別署劍心，江蘇常熟人。1890 年進士，選翰林院庶吉士，授編脩。1907 年，赴日本學習法政，加入同盟會。辛亥革命後，曾任常熟代理民政長。民國元年（1912），與瞿啓甲等選爲第一屆國會眾議員。1917 年，因曹錕賄選總統，拒賄南歸，從此無意政治，專註於家鄉事務。《徐兆瑋日記》，自光緒二十年二月十二日（1894 年 3 月 18 日）始，終於民國二十九年六月十二日（1940 年 7 月 16 日）。原稿藏常熟市圖書館。

　　徐兆瑋的日記中，保留了大量的近代小說與出版史料。徐兆瑋對新小說極感興趣，日記中多有記錄和評論。作爲「出於舊學界而輸入新學說者」〔註 1〕，其觀點很有代表性，對我們瞭解晚清的小說觀很有幫助。如：徐兆瑋提到對小說譯筆、文筆的要求，反對小說復譯，反對偵探、言情小說氾濫等，甚至還編了一本譯本小說提要《黃車掌錄》。

　　由於他是常熟人的緣故，與小說林社的曾樸、丁祖蔭、徐念慈等人非常熟識，日記中因此保留了大量關於小說林社的史料。其中最有價值的當是小說林社的經營情況：該社於 1905 年、1906 年頗

〔註 1〕　覺我《余之小說觀》，《小說林》第十期，1908 年 4 月。

有盈利，而 1907 年賠纍甚巨。另可見，小說林社除曾樸、丁祖蔭、徐念慈等廣爲人知的成員外，還有王夢良與鄒仲寬兩人。

　　徐兆瑋日記中，還保留了不少關於黃人編輯的《雁來紅叢報》的史料。從中可以看出，《雁來紅叢報》早在 1902 年就有意籌辦，1906 年 4～5 月，出版第一期，共十期，至 1907 年 8 月前後停刊。編輯主要有常熟人黃人、孫景賢和張繼良。徐兆瑋爲《雁來紅叢報》提供了大量明季野史，還爲該刊的發展提了不少建議。此外，曾樸不願意代發行《雁來紅叢報》，因其中有忌諱處，也是以前未發現的史料。

　　本書所列的日記標題《劍心簃壬寅日記》、《癸卯日記》、《劍心簃乙巳日記》、《燕邸日記》、《燕臺日記》、《丁未日記》、《戊申日記》、《虹隱樓日記》，均爲日記原封面標題。標點爲選註者所加。日記原文有筆誤處，依原樣錄入，並在其後用方括號標出正確的字；根據文意增補的字，用圓括號標出。日記原文中的小字照錄，並用五號字體表示。

　　本書注釋中所列的小說，除特別標出者外，均爲小說林社出版。注釋中的「甲辰」，即 1904～1905 年，「乙巳」即 1905～1906 年，「丙午」即 1906～1907 年，「丁未」即 1907～1908 年，「戊申」，即 1908～1909 年。凡用漢字表示的月份，均指農曆。

劍心簃壬寅日記　光緒二十八年（1902）

十一月十九日乙亥（1902 年 12 月 18 日），陰雨。

　　復（孫希孟〔註 2〕）書云：「前日耆叔〔註 3〕述及有集股印小說報之舉。鄙意章回、彈詞，較傳奇更難，新小說萬難學步，不如取其舊者。明季野史多可喜愕，誠能彙集數十種，雜以新譯東西小說及近人所著小種可愛玩者，

〔註 2〕　孫景賢（1880～1919），清末民初小說家、詩人。字希孟，號龍尾，別署阿員、藤谷古香，江蘇常熟人。1907 年，其師張鴻任駐日本長崎領事，景賢隨張東渡供職，並就讀於日本明治大學法律科。歸國，賜舉人出身。入民國後，就職於外交部。著有小說《轟天雷》，另有《龍吟草》甲、乙二卷，《梅邊樂府》二卷。

〔註 3〕　徐鳳標，字耆青，江蘇昭文（今屬常熟）人，1918 年任江蘇省議員。

月出一冊，亦足一新眼界。從前申報館印《紀載彙編》，亦是此法。惜僅兩冊而止。今另開略例一紙，乞與海平諸君酌之。

一、命名。當如《紀載彙編》之例。

一、徵書。章回小說爲一類，彈詞爲一類，此二類最難，須取有益政治者。譯東西小說爲一類，傳奇爲一類，明季野史爲一類，鄙處此類最多，如《海虞妖亂志》及《過墟志感》校本，皆上駟也。本朝野史爲一類，近時日記附此類。筆記爲一類，或雜記掌故，或兼述時事，或攷據西學，或講求古玩，均入此類。詩詞爲一類，當如《南宋雜事詩》、《本事詞》之屬編成一種者。遊戲文章如燈謎、酒令之屬，亦以輯成卷軼爲貴。

一、計費。每冊若干頁，印訂若何計費，每冊幾何，每期幾冊，立一預計表。

一、集股。計費定後，約半年，需若干，再合股，每股每月若干。約半年後收報費，可以周轉，便可立定腳跟矣。」

十一月二十日丙子（12 月 19 日），晴。

與唐海平〔註 4〕書云：「希孟尚在寓否？一緘乞附致，內有小說報章程一紙，乞細閱之，餘俟續布。」

癸卯日記　光緒二十九年（1903）

四月十一日乙未（5 月 7 日），陰。

孫希孟函云：「寺前新開海虞圖書社，係芝蓀〔註 5〕、遠生〔註 6〕諸人集股，叢報、譯書頗備。」

〔註 4〕　唐人傑，字海平，江蘇太倉人，爲小說林社譯有《小公子》（1905 年版）。1902年，入常熟人張鴻、徐鳳書等設立的東亞譯書會。1905 年，留學日本，譯稿爲生。其譯作除《小公子》外，還與徐鳳書合譯《破天荒》、《模範町村》兩種小說，與徐有成、胡景伊合譯《歐羅巴通史》。

〔註 5〕　丁祖蔭（1871～1930），字芝孫，號初我，江蘇常熟人。1904 年，與曾樸、朱積熙等人創辦小說林社，《女子世界》、《理學雜誌》的發行人與主辦者，著名藏書家。

〔註 6〕　朱積熙，字遠生，常熟人，小說林社的創辦者之一（小說林社登記時，注明負責人爲「孟芝熙」，即曾樸、丁祖蔭、朱積熙三人合名）），常熟敎學同盟會會員，江蘇教育會會員。1903 年 5 月，與丁祖蔭集股開設海虞圖書館，售書爲主，兼發行新書。1904 年，與徐念慈、丁祖蔭等人創辦競化女學校，這是常熟最早的女學堂。

劍心稼乙巳日記　光緒三十一年（1905）

正月二十七日庚子（3月2日），晴。

唐海平二十四日來，囑寄其所譯《小公子》〔註7〕一回與丁芝孫，詢小說林中要購否？

二月初四日丁未（3月9日），陰。

丁芝生〔孫〕覆函云：「《小公子》一書，可售於小說林，譯費每千字計洋一元五角。」即將譯稿寄羑青叔交海平，因羑青叔於日內至太倉，可與海平會晤也。

二月二十二日乙丑（3月27日），晴

作詩《秘密使者》〔註8〕五絕句：歡宴新宮玉漏長，鼓鼙驚破舞霓裳。西廂夜半聞私語，一片疑雲費揣量。——《莫斯科新宮之夜宴》　領土安危繫一書，禁中使者竟何如。鬥罷舊境依稀認，垂白護堂望倚閭。——《飛使》　賤族飄零賣技車，避人偵視意何居。中原逐鹿誰先得，劉項今宵識面初。——《尼塞尼之道中》　市場逐客令新頒，女伴提攜一破顏。紅粉青衫天作合，龍沙萬里玉雙環。——《哥哥去休，哥哥去休》　絮語微聞遜克兒，宮闈秘密有人知。天教叛將逃羅網，險絕加桑上路時。——《高加索汽船之中》

閱書《秘密使者》一卷上卷。此卷譯筆頗佳，可與《茶花女》抗衡。中原餘子碌碌，等諸自鄶以下。

二月二十三日丙寅（3月28日），晴。

作詩《秘密使者》五絕句：插天山脈劃銀沙，板屋奔馳午夜車。旅客區

〔註7〕《小公子》，小說林社員（唐人傑）譯，上卷乙巳七月初版，下卷乙巳十一月初版。據樽本照雄《清末民初小說目錄》（第5版）X0876條，該書的原作是Frances Eliza Hodgson Burnett, *Little Lord Fauntleroy*, 1886。（美）Warren, Eliza改寫，日本若松賤子據改寫本譯為《小公子》（《女學雜誌》1890.8-1892.1，博文館1897.1）。《清末民初小說目錄》（第5版），日本：清末小說研究會，2013年版。唐人傑即從日文譯出。

〔註8〕《秘密使者》，法國迦爾威尼著，吳門天笑生（包天笑）譯述。上卷甲辰六月初版，下卷甲辰八月初版。徐兆瑋為該書的每一章都作了一首絕句，每首詩最後帶書名號的內容，即該首詩所歌詠的小說章節的題目。據樽本照雄《清末民初小說目錄》（第5版）M1083條，該書的原作是Jules Verne, *Michel Strogoff De Moscou À Irkoutsk*, 1876。英譯 *Michael Strogoff*。羊角山人譯述、森田思軒刪述《盲目使者》（《郵便報知新聞》1887.9.16-12.30）。改題《瞽使者》（報知社版，上1888.5.15／下1891.11.2）。包天笑即從日文譯出。

分鴉與鷺，一鞭遙指月輪斜。——《板屋車與裸體車》　左迎削壁右深淵，木石當頭勢轉旋。烏拉山中風雨夕，一車如葉牽生全。——《烏拉山中之大風雨》　旅客兩人車半部，中途遺失記新聞。國民解體渾如此，笑倒詼諧絕妙文。——《車半部，客二人，途中之遺失物也》　少年胯下淮陰屈，武士車前穆勒卑。萬死不甘爲決鬥，英雄忍耐兩心知。——《萬死不願決鬥》　芒唐豺虎路縱橫，裹創茅簷慶再生。三日光陰擲虛牝，圓蒼故意誤郵程。——《土耳其斯坦兵》

閱書《秘密使者》一卷下卷。

二月二十五日戊辰（3月30日），晴。

閱書《法國女英雄彈詞》〔註9〕一冊，記羅蘭夫人事。雖筆勢平妥，然亦頗便於下等社會。較《天雨花》、《來生福》不及，比《三笑姻緣》、《玉蜻蜓》之誨淫，固遠勝之也。

四月初五日丁未（5月8日），陰，雨竟日。

作詩《秘密使者》四絕句：明駝翠幕鬱雲蒸，荼火軍容虎氣騰。誰識楚囚心事苦，紅顏白髮恐難勝。——《可汗之陣營》　造化無端遇合奇，承歡佳婦替佳兒。此中自有因緣在，憔悴長途不忍離。——《兩女囚》　溝水東西各自流，銀河咫尺會牽牛。生憎石闕猶銜口，一抹紅牆兩地愁。——《意外之遇》　分我杯羹莫訋渠，海濱竊負較何如。歐洲驕虜猶人子，那有家庭革命書。——《聊報汝以春之一鞭》

四月初六日戊申（5月9日），午雨午止。

作詩《秘密使者》四絕句：此後惟娘可見兒，兒生無復見娘時。兩行血淚塡胸臆，勝讀蘭陔補闕詩。——《盲目之刑》　未能徒步當安車，附翼樊鱗樂有餘。話到吟詩傳電事，兵戈叢裏一軒渠。——《馬車之少年》　萬竈無煙冷戍樓，移民避寇豈良謀。可憐國破山河在，鉤起羈人一夜愁。——《死都會》　夜渡無舟阻馬韁，革囊橫截水中央。漩渦雖險終能濟，誰說風波不可防。——《葉尼塞河》

四月初七日己酉（5月10日），晴。

作《秘密使者》五絕句：見兔懷疑競隕生，神權迷信出眞誠。熱心幸爲傾城死，贏得香花供墓塋。——《地上之人頭》　欲離虎暴入狼群，地棘天

〔註9〕　《法國女英雄彈詞》，挽瀾詞人（俞天憤）著，甲辰八月初版。

荊詆足云。不冒冰霜難練骨，國民進步安從軍。——《狼群》　讙傳飛使達圍城，叛將陰謀喜告成。信信張惶強敵勢，一時股掌玩孩嬰。——《大公爵之宮中》　高壁輕投一紙丸，東門管鑰幾難完。如斯間諜終亡滅，始歎兵家冒險難。——《土耳其斯坦兵之內應》　萬苦千辛持使節，大功圓滿釋肩任。一篇秘密行人傳，兩字團欒兒女心。——《噫，渠能視也》

燕邸日記　光緒三十一年（1905）

八月初五日（9月3日），稍陰即霽。

閱《雙艷記》〔註10〕一卷。

九月初五日（10月3日），晴。

至海虞圖書館購新出小說數種。

九月望日（10月13日），陰，午後晴。

與徐念慈〔註11〕函云：「都門旋里，匆匆不及造訪，甚以爲歉。茲將蠻公一函先行郵寄，《催眠術》俟月底到滬面致。弟此行本爲鄉間小學毫無紀律，亟思籌款改良。現與同事諸君粗定辦法，第一先習師範，以爲教育基礎。已選得十人，皆可立時成行。尊處講習所能插入一班否？弟意如可插班，出月即可申送。爲此專函，奉懇即日賜復。倘尊處無隙地可容，滬上尚有別處可以即日送入否？亦希示悉。昭邑鄉學萌芽在此一舉，足下熱心教育，諒必樂贊其成。」

十月二十九日（11月26日），陰

與唐蔚之〔註12〕書云：「唐海平遊學津貼，刻同師範生聞君因病歸婁，缺懸未補，而海平已於廿三日東渡。可否函致蔣伯言兄，將聞君之款津貼唐君，

〔註10〕《雙艷記》，英國佛露次斯著，小說林編輯員譯述，甲辰十月初版。

〔註11〕徐念慈（1875～1908），字彥士，別號覺我、東海覺我，江蘇常熟人。小說林社總編輯，《小說林》雜誌主編。他創作的《新法螺先生譚》是中國最早的科學幻想小說之一。此外，他還爲小說林社譯有科學小說《黑行星》、冒險小說《海外天》、言情小說《美人妝》、軍事小說《新舞臺》等多種作品。

〔註12〕唐文治（1865～1954），字穎侯，號蔚芝，晚號茹經，江蘇太倉人，1892年進士，1895年進江陰南菁書院，受業於經學大師黃以周和王先謙，從事訓詁之學。1907年，接任上海南洋公學（當時改名「郵傳部高等實業學堂」）監督，後在無錫創辦無錫國學專修學校。著作有《茹經堂文集》、《十三經提綱》、《國文經緯貫通大義》、《茹經先生自訂年譜》等。

俾不至因乏費而輟學，感甚。」

十一月二十四日（12月20日），陰。

　　午後，晤徐念慈，在虹口師範講習所，復於小說林得映南〔註13〕一函。

十一月二十六日（12月22日），陰。

　　午後，偕徐念慈至教育器械館購學堂應用諸物。

十二月朔日（12月26日），陰。

　　予鄉本擬送師範十餘人，定費五百元。及至上海探聽，龍門取費每年不過四十元，然極難考。商務印書館所設師範學院講習所，今年以半年卒業，明年改為一年卒業，取費近八十元。……甚矣師範之不易送也！

十二月望日（1906年1月9日），陰，微霰。

　　與唐海平書云：「……小說林中亟於覓稿，足下有暇，能譯一興起國民精神之小說否？偵探、艷情二種太夥，難於出奇制勝也。京寓多暇，足下有稿可代為潤辭。近並思編一譯本小說提要，分別門類，各加評語。茲事宏大，且無助我者，恐未必旦夕能成。」

十二月二十一日（1906年1月15日），晴。

　　與丁芝孫書云：「……小說林中要「札記」一門否？近日擬就神仙鬼怪四事分條徵書，力破迷信，新年可脫稿。又《黃車掌錄》〔註14〕一書，考證舊小說而附以譯本小說提要，正二月間亦可脫稿。如尊處能代印，當郵稿就正。」

燕臺日記　光緒三十二年（1906）

正月初五日（1月29日），陰。

　　唐海平臘月廿三日函云：「……傑現譯《噫無情》一書，乃法國文豪囂俄所著，日本黑岩淚香譯者。出版未及一月即行售罄，可知其書之價值矣。又偵探小說名《人外境》者，亦淚香所譯，共三冊。未知小說林及時報館有無翻譯？乞為探聽，將來亦擬譯之也。傑現既津貼不可得，只得且做苦學生，

〔註13〕張鴻（1867～1941），初名澄，字映南，一字隱南，別署璚隱，瓊隱，晚號蠻公，燕谷老人，江蘇常熟人。1902年，與徐鳳書等人創辦東亞譯學會，並為該會出版的《政學報》任主編。1907年進士，曾任日本長崎領事、神戶領事、朝鮮仁川領事等。1916年回鄉，從此致力於家鄉事務。著有《蠻巢詩詞稿》、《遊仙詩》等，譯有《成吉思汗實錄》，還受曾樸的委託續寫了《孽海花》。
〔註14〕《黃車掌錄》，徐兆瑋稿本，現存常熟市圖書館。

藉譯資以充學費。唯筆墨甚拙，將來脫稿時望姑丈爲我潤色，並懇先向小說林介紹，則感德無盡矣。」

　　與唐海平書云：「……《噫無情》一書是否即前刊入《國民日日報》之《慘社會》，單刊本改作《慘世界》，亦是囂俄所著，望一調查，免復譯也。近日譯家往往改易面目，非將原書情節略述一二，無從考訂異同也。《人外境》未見，小說林所譯有《秘密海島》三冊，《新小說》中《海底旅行》之奇人李夢即歸宿於此書，未知即《人外境》否？但《秘密海島》是冒險而非偵探，竊疑其非一書也。潤詞一事當力爲擔任，近見林琴南所著細膩熨貼，別開勝境，每爲神往，輒思效顰。足下能譯稿見寄，則可破我岑寂矣。小說林需材孔亟，當爲介紹。」

　　二月十三日（3月7日），晴。

　　與丁芝孫函云：「……競化女學堂〔註15〕經濟缺乏，弟當捐助丙午年經費洋二十元，聊盡綿力耳。袁項城〔註16〕有設女官之議，亦分九品，給文憑，賜徽章。此舉若行，女權可望發達。都城有女學校數處，開校之日，亦有達官家眷前往觀禮者，足見風氣之逐漸開通矣。」

　　唐海平正月二十日函云：「……傑現在正則預備英文、理化，功課頗忙，除禮拜日外幾無暇。小說《噫無情》僅譯成數千言，俟有萬言即呈上。」

　　二月十四日（3月8日），乍晴乍陰。

　　與唐信甫書云：「海平津貼事已託蔚芝侍郎設法，想靠得住，當再往催之。海平亦常通信，近日譯一小說，欲寄稿與弟潤色，售諸小說林中。倘月得萬言，每年亦可獲洋二百之數。故弟以爲學費一節不必慮。」

　　二月三十日（3月24日），晴。

　　孫希孟二十日函云：「……摩師〔註17〕合股辦說部叢報，頗欲得大著，藉光簡軼。特囑走筆致意，未審得允許否？」

〔註15〕 1904年秋，徐念慈、丁祖蔭、朱積熙等人創辦競化女學校，這是常熟最早的女學堂。
〔註16〕 袁世凱（1859～1916），字慰亭，號容庵，漢族，中國河南項城人，中國近代史上著名政治家、軍事家。
〔註17〕 黃人（1866～1913），原名振元，字慕庵（一作慕韓），中年改名黃人，字摩西，江蘇昭文縣（今常熟）人，中國近代文學史上重要的文學家、學者，南社早期社員、東吳大學（現蘇州大學）首任國文總教習，小說林社的核心成員。黃人的著作甚多，其詩詞集存留於世的有《石陶梨煙室詩存》、《非想非非想天中人語》、《摩西詞》等。其文在生前並未結集。關於黃人作品，目前收集最爲完備的是江慶柏、曹培根整理的《黃人集》，上海文化出版社，2001年版。

三月初四日（3月28日），陰。

與孫希孟書云：「摩西叢報條例若何？能集成公司否？弟此書尚未寫定，摩西事若成，盡可付彼，候來示定奪。」

三月十一日（4月4日），晴。

雙南〔註 18〕已受東吳大學堂聘爲國文正教習，每年四百金，一月可告假一禮拜，係摩西介紹，於昨日赴蘇開校矣。

三月十二日（4月5日），晴。

唐海平陽曆三月廿六日三月二日函云：「小說《噫無情》全書共約十餘萬言，欲以課餘之暇譯之，竣事殊匪易易。傑初意以爲無論如何，一邊求學，一邊譯書，總可使得；到今日方知此事之難。蓋一日之中，學堂功課去其七時，自修時間至少四五時，一天到晚弄得頭昏腦脹，實無腦力可再用於譯書之上。再三思之，當此日在經濟恐慌之中，於求學之外，復及生財之法，固爲萬萬不可得之事。而一年之留學費至少需四百元，照此情形，將來豈堪設想？現唯有二路可走，如二路不行，則作歸計而已。其一即請貸公費……其二即譯書印行。蓋來東留學者日見其夥，凡有關係於日本書語諸書無不風行。上月在書鋪購得《日本俚諺集》，一切俚諺俗語無不備載，洵學東文者必讀之書也。唯諺語翻譯極難，雖在日人，非優於文學者亦不盡解。傑決定趁此休暇，譯成是書，自行出版。將來上海小說林、京中各書店皆須寄售，費神先爲介紹。刊資一時難於籌措，可否代借百元，少至六七十元亦可。書售出後，當即歸楚。萬一書滯不銷，定即另想他法，及早料理也。」

閏四月初七日（5月28日），晴

張雙南廿九日函云：「《雁來紅》第一期今日另封郵寄，望並查收。」

閏四月十一日（6月2日），乍陰乍晴。

與張雙南書云：「……摩西以叢書爲叢報，甚善。惟校對未精，且書之與報銷售大有差等：此種若印成單本，亦可暢銷；一名爲報，讀者有未完之憾，而經售者存拖欠之心。何不仿叢書體例，以十種爲一集，可分可合。既便流

〔註18〕張繼良（1871～？），江蘇常熟人。字南陔，又字南祓，號蘭思、雙南、敫生。1895年進士，任刑部主事，山西河津縣知事。入民國，任江蘇省公署秘書，河南督理軍務署顧問。

通孤本，且能周轉母金。此中利害，不可不明辨析也。」〔註 19〕

閏四月十三日（6 月 4 日），晴。

孫希孟初一日函云：「聞得《雁來紅》已由雙南緘奉矣。明史一獄，首期即從《南潯志》錄登，景賢尚嫌其拾獺官書，別無新得。而小說林因此恐違礙獲咎，不肯代爲發行。孟樸〔註 20〕達人，亦復爾爾，可異也。」〔註 21〕

閏四月二十日（6 月 11 日），晴燥，甚熱；夜，風甚大。

閱吳步雲譯《一封書》〔註 22〕二卷。《雙指印》一卷。

閏四月二十一日（6 月 12 日），晴，熱。

閱《美人妝》〔註 23〕一冊，《恩仇血》〔註 24〕一冊，《大復仇》〔註 25〕一冊。

〔註 19〕 黃人確實聽從了徐兆瑋的建議，《雁來紅叢報》第六期後登有廣告《〈雁來紅叢報〉書目略》，分「甲種學術類」、「乙種稗史類」、「丙種傳奇雜劇類」、「丙種叢錄」、「附錄新編小說」，下面各列有若干種單行本書籍。已在《雁來紅叢報》連載的《妖怪學講義》、《虞山妖亂志》、《色情狂病理》、《大獄記》、《浮生六記》、《陶庵夢憶》等書，都列在書目中。另有若干種新書，到停刊時，也未及在叢報上登載。

〔註 20〕 曾樸（1872～1935），字孟樸，又字小木、籀齋，號銘珊，別號東亞病夫、病夫國之病夫。江蘇常熟人。1904 年與丁芝孫、朱積熙等人創辦小說林社。著述甚富，接續金松岑而著的《孽海花》是其代表作。三十年代於上海開設眞美善書店，出版《眞美善》雜誌及多種單行本小說。

〔註 21〕 《雁來紅叢報》所標的出版信息是「總發行所：蘇州觀東殷元順刻字店。代派處：上海鴻文書局，上海棋盤街小說林社，常熟大步道巷金第，上海各書坊」。可見，曾樸雖然不願代爲發行《雁來紅叢報》，但仍肯在小說林社代售。

〔註 22〕 《一封書》，英國麥孟德原著，洞庭吳步雲譯述。上卷甲辰十一月初版，下卷乙巳二月初版。

〔註 23〕 《美人妝》，最初爲《女子世界》增刊，後版權贈予小說林社。筆者見到的《女子世界》增刊本，所標的出版信息爲：昭文東海覺我講演，甲辰十月初版，發行兼編譯者：女子世界社，總發行所：小說林。筆者見到的小說林社本，爲丙午二月三版。

〔註 24〕 《恩仇血》，甲辰七月初版，震澤陳彥譯意，吳江金一潤詞。據樽本照雄《清末民初小說目錄》（第 5 版）E0178 條，該書的底本是：*Arthur Conan Doyle, A Study In Scarlet*, 1887.12。

〔註 25〕 《大復仇》，甲辰六月初版，元和奚若譯意，昭文黃人潤辭。據樽本照雄《清末民初小說目錄》（第 5 版）D0071 條，該書的底本是：*Arthur Conan Doyle, A Study In Scarlet*, 1887.12。

閏四月二十二日（6 月 13 日），晴，熱。

閱《新舞臺》〔註 26〕二編一卷，《軍役奇談》〔註 27〕一卷，《奇獄》〔註 28〕
一卷，《雙艷記》一卷。

閏四月二十三日（6 月 14 日），陰，稍涼。

閱《福爾摩斯再生後探案》〔註 29〕十卷。予欲爲譯本小說書提要久矣，
然不閱東西文原本，斷不能知其優劣異同。今將所閱之各書先爲編目，分別
門目，其重複者一一注明，以俟異日通東西文後再加考索。有原序原跋一一
錄存，仿各家藏書目錄例也。

閏四月二十四日（6 月 15 日），乍陰乍晴，午後晴又熱。

閱《無名之英雄》〔註 30〕三卷。

閏四月二十七日（6 月 18 日），晴。

寄翥叔書云：「……近編譯本小說目錄，統計將近百種，惟中多重複：如
海平所譯之《小公子》，華美書局有譯本名《小英雄》，於光緒二十九年出版，
是複製矣。此次回至滬上，擬詳細搜羅，編一提要，既便讀者，亦免重譯。
近時往往不著譯本所自出，遂有疑其杜撰者，如徐念慈之《美人妝》類，令

〔註 26〕《新舞臺》，日本押川春浪著，昭文東海覺我譯述，一編甲辰六月初版，二編
　　　乙巳五月初版，三編連載於《小說林》雜誌第二期至第九期，第十一至十二
　　　期，1907～1908 年。據樽本照雄《清末民初小說目錄》（第 5 版）X1881 條，
　　　一編底本爲押川春浪《武俠の日本》，日本：博文館、東京堂 1902.12，據 X1882
　　　條，二編底本爲押川春浪《新造軍艦》，文武堂 1904.1。據 X1886 條，三編底
　　　本爲押川春浪《武俠艦隊》，文武堂 1904.9。
〔註 27〕《軍役奇談》，英脫馬斯加泰著，陶鍴旦譯述，甲辰七月初版。
〔註 28〕《奇獄》（一），美國麥枯滑特爾原著，丹徒林蓋天譯述，甲辰十一月初版。
　　　據樽本照雄《清末民初小說目鍵》（第 5 版）Q0269 條，該書的原作是 George
　　　Mcwatters, *Detectives of Europe and America*，日本千原伊之吉訳《奇獄》，日
　　　本同盟法學會 1888.11。
〔註 29〕《福爾摩斯再生第一案》，上海周桂笙譯，甲辰十二月初版。《福爾摩斯再生
　　　第二、三案》，《福爾摩斯再生第四、五案》，元和奚若譯，武進蔣維喬潤辭，
　　　甲辰十二月初版。《福爾摩斯再生案六至十》，丙午年正月再版。六至八，奚
　　　若譯述，蔣維喬潤詞。九至十，周桂笙譯述。《福爾摩斯再生案十一二三案》，
　　　周桂笙譯述，丙午十月初版。
〔註 30〕《無名之英雄》，法國迦爾威尼原著，吳門天笑生譯述。上卷甲辰八月初版，
　　　中卷乙巳三月初版，下卷乙巳六月初版。據樽本照雄《清末民初小說目錄》（第
　　　5 版）W0982 條，該書的原作是 Jules Verne, *Famille-sans-nom,* 1889，包天笑
　　　由日譯本（森田思軒《無名氏》，春陽堂 1898.9.11）轉譯。

人無從考索，最爲譯界蟊賊。日本小說必多佳製，近時所譯未必皆彼中上駟。如能聯成譯社，輸入支那，吾知刷印家必歡迎恐後也。」

閏四月二十九日（6月20日），陰，微雨稍涼。

　　閱《小英雄》二卷，《小公子》二卷，此一書而復譯者。以文筆言，則《小公子》高出幾許矣。

五月初十日（7月1日），晴，熱。

　　（閱）《彼得警長》〔註31〕三卷。

五月十一日（7月2日），陰涼，午後雨。

　　閱《女魔力》〔註32〕三卷，《黃金血》一卷。

五月十二日（7月3日），晴，午後大雷雨，更許止。

　　閱《車中毒針》一卷，《情海劫》〔註33〕一卷，《泰西說苑》一卷，《小仙源》一卷。

五月十四日（7月5日），陰，夜微雨。

　　閱《女媧石》甲乙二卷，《海外天》〔註34〕一卷，《虛無黨》一卷，《玉蟲緣》〔註35〕一卷，《新蝶夢》一卷。《女媧石》，中國人自著小說也，女權發達，世界終有此一日耳。

五月望日（7月6日），乍陰乍晴。

〔註31〕《彼得警長》，洞庭吳步雲譯。上、中卷，丙午二月初版，下卷丙午四月初版。

〔註32〕《女魔力》，英國奇孟著，洞庭吳步雲譯。上卷乙巳五月初版，中卷乙巳六月初版，下卷丙午二月初版。

〔註33〕《情海劫》，吳江任墨緣譯意，武進李叔成潤詞。上卷丙午三月初版，下卷丙午八月初版。

〔註34〕《海外天》，英國馬斯他孟立特原著，東海覺我譯，海虞圖書館光緒二十九年（1903年）五月初版，後版權贈予小說林社。此書的小說林社初版本，約在乙巳年末，筆者未見，再版於丁未十一月。該書第一回後的譯者按語稱「日本櫻井鷗村君由英文譯爲日文，名曰「絕島奇譚」，此編又由日本書重譯者也。」據此，筆者推斷，該書由徐念慈自日文翻譯，且底本爲櫻井鷗村譯《絕島奇譚》，日本東京：博文館，1902年版。另據樽本照雄《清末民初小說目錄》（第5版）H0248條，該書的原作是 Captain Frederick Marryat, *Masterman Ready; or, the Wreck of the Pacific*, 1878。

〔註35〕《玉蟲緣》，美國安介坡著，會稽碧羅（即周作人）譯述，常熟初我潤辭。乙巳五月初版。據《中國近代文學大系・翻譯文學集二》，底本是 Edgar Allan Poe, *Golden Bug*，上海：上海書店出版社，1991年版，633頁。

閱《狸奴角》〔註 36〕一卷，《一捻紅》〔註 37〕一卷，《俠奴血》〔註 38〕一卷，《車中美人》〔註 39〕一卷。

五月十六日（7 月 7 日），陰，昨夜四鼓時大雨。

讀《自由結婚》一二編二卷，《枯樹花》二卷，《俠男兒》一卷，《離魂病》一卷。《自由結婚》、《枯樹花》皆自撰，非譯本。

五月十七日（7 月 8 日），陰，午後大雨，更許始止。

唐海平初八日函云：「……近譯《噫無情》一書，業已告竣，約明後日問東京刷印所講價付刊。已託小說林登報。敝鎮親友來東遊學者已得五人，傑往來招待，費用間時不少，致將《俚諺集》擱起。《女醫者》亦已譯出，並倩人將稿謄清，無奈刊貲甚大，無力付印，實爲恨事。」

五月十八日（7 月 9 日），晴，又熱。

與唐海平書云：「……《女醫者》是否小說？望將書中大旨略述一二，並計字數若干，可以代爲設法。」

五月二十五日（7 月 16 日），陰涼，午後雨，時下時止。

（讀）《冶工佚事》一卷，《血手印》一卷。此二書皆文明書局所出版，文明所譯小說，其版大小不一，不及商務印書館、小說林之爲叢書體，羅列書目，便於購讀也。

五月二十六日（7 月 17 日），陰，時雨時止，天氣亦驟涼。

與孫希孟書云：「《雁來紅》第一期已閱，第二期以下足下能覓寄否？該款回里面繳。」

六月初二日（7 月 22 日）陰，午後雨，天燥熱不可耐。

讀《髑髏杯》〔註 40〕三卷。

六月初三日（7 月 23 日），乍晴乍陰，午後雨，夜大雨。

〔註 36〕　《狸奴角》，果盤著，飯囊譯，乙巳十一月再版。

〔註 37〕　《一捻紅》，吳門天笑生譯，丙午正月初版。底本爲江見水蔭、關戶浩園合著的《女の顏切》，日本青木嵩山堂明治二十八年（1895）版。

〔註 38〕　《俠奴血》，乙巳十一月初版，法國囂俄原著，天笑譯。據樽本照雄《清末民初小說目錄》（第 5 版）X0349 條，該書的原作是 Victor Hugo, *Bug-Jargal,* 1826。

〔註 39〕　《車中美人》，社員譯述，乙巳十一月初版。

〔註 40〕　《髑髏杯》，英國楷陵著，元和奚若譯。上卷、中卷，丙午四月初版，下卷丙午閏四月初版。

　　讀《女獄花》一卷，此書西湖女士王妙如著，雖思力甚新，而薄弱不能動目，此近日自著新小說之通病也。《秘密電光艇》一卷，此即《新舞臺》中之一節，譯筆似較《新舞臺》爲勝。

　　六月初五日（7月25日），晴，天稍熱，夜又雷雨，更許止。

　　近時小說日出不窮，其思想之奇闢，佐我腦力不淺，然亦全在譯筆之佳與否。倘譯筆平常，便味同嚼蠟矣。

　　六月初六日（7月26日），晴燥。

　　《禽海石》爲言情小說之佳者，然涉於誨淫，不及西人之雅馴也。《多少頭顱》名爲譯本，實則演揚州十日故事，而託名爲波蘭耳。《恨海春秋》一卷，《雙碑記》一卷，《谷間鶯》一卷，《未來戰國志》一卷。此四書皆前數年出版，似不及近日之精採。天衍進化，於譯事似亦有影響也。所不解者，近二年所出小說多偵探、言情二類，而於社會風俗毫無觀感，不能不歎爲美猶有憾也。

　　六月十二日（8月1日），晴，午後陰，作勢欲雨而不果。炎威較昨日稍退，而煩躁如故。

　　（閱）《孟恪孫奇遇記》一卷，《新法螺先生譚》〔註41〕一卷。《法螺先生》與《奇遇記》大同小異，未知何者爲重儓。《黑行星》〔註42〕一卷，此科學小說之足警動沉迷者，較《世界末日記》更有理想。

　　六月十三日（8月2日），晴。

　　閱《日本劍》〔註43〕二卷，《萬里駕》〔註44〕三卷，《地心旅行》一卷。

　　六月望日（8月4日），晴。

　　閱《秘密隧道》〔註45〕二卷，《一束緣》一卷，《蠻荒誌異》二卷，《鴻巢

〔註41〕《法螺先生譚》、《法螺先生續譚》，吳門天笑譯，乙巳六月初版（與徐念慈所著的《新法螺》合訂，徐兆瑋說的《新法螺先生譚》，指的是包天笑的譯本）。

〔註42〕《黑行星》，西蒙紐加武著，東海覺我譯述，乙巳七月初版。該書的原作是 Simon Newcomb, *The End of the World*，日本黑岩淚香譯爲《暗黑星》，先在 1904 年 5 月的《萬朝報》上連載，同年由日本朝報社出版單行本。徐念慈自日文翻譯。

〔註43〕《日本劍》，英國屈來珊魯意著，沈伯甫譯意，黃摩西潤詞。上卷乙巳五月初版，下卷丙午二月初版。

〔註44〕《萬里駕》，英國婆斯勃原著，洞庭吳步雲譯，卷上乙巳六月初版，卷中乙巳十一月初版，卷下乙巳十一月初版。

〔註45〕《秘密隧道》，英國和米 Hume 著，元和奚若譯。上卷丙午四月初版，下卷丙午閏四月初版。

記》〔註46〕一卷。

六月十七日（8月6日），陰涼有秋意。

閱《銀山女王》〔註47〕二卷卷上、中。

六月二十三日（8月12日），竟日雨。

孫希孟十一日函云：「……《雁來紅》四冊寄奉，忠宣〔註48〕一疏即盼鈔惠。比日搜考，得東澗〔註49〕事蹟，已錄成一大冊，明季服飾、器玩亦得數十條，皆《繡林記》〔註50〕中資料也。」

……閱長州呆道人《風洞山傳奇》〔註51〕二卷。

七月初六日（8月25日），陰雨，頓涼如深秋時，午後霽。

閱《雁來紅叢報》五冊一期至五期。

七月初十日（8月29日），晨聞雨聲淅瀝，天氣涼甚，午稍霽。

與孫希孟書云：「兩書均收到，集句亦照改，惟汪袞甫〔註52〕以其詩有忌諱，不肯付梓。予勸用別號，而袞甫又不願，此與孟樸不肯印《雁來紅》同一通人之蔽也。倘袞甫決行此意，虹當攜至滬上印行，雲瓿亦同虹意也。付梓之議，袞所創也。彼甚珍惜其詩，急欲表襮，而又恐盛名之下，或有鬼蜮，以是集矢於彼者，事固難料。若吾輩泯泯無聞，則彈射所不及，大可言論自由，可見名之一字有時而為

〔註46〕　《鴻巢記》，酒瓶著，飯囊譯。丙午二月初版。

〔註47〕　《銀山女王》，日本押川春浪撰，摩西譯補。上卷乙巳四月初版，中卷乙巳六月初版。底本為押川春浪……《銀山王》，日本東京：博文館，1903年版。

〔註48〕　瞿式耜（1590～1650），字起田，又字伯略，號稼軒，江蘇常熟人。萬曆四十四年（1616）進士，官至戶科給事中，晚年參加抗清活動，擁立桂王朱由榔為永曆帝，後城破被捕，死於順治四年（1650年）。乾隆四十一年（1776年），追諡「忠宣」，著有《瞿忠宣公集》等。

〔註49〕　錢謙益（1582～1664），字受之，號牧齋，晚年號蒙叟、東澗遺老，江蘇常熟人，明萬曆三十八年（1610）進士，在明朝官至翰林院侍讀學士、禮部侍郎，又曾在南明弘光朝中任禮部尚書。順治二年（1645）降清。

〔註50〕　《雁來紅叢報》第六期廣告《雁來紅叢報書目略》的《新編小說》條目下，列有《海隅繡林記》。筆者認為，文中提到的《繡林記》，即孫景賢準備寫的小說《海隅繡林記》，該小說筆者未見，可能沒有出版。因上文提到的瞿式耜、錢謙益都是常熟人，該小說應與常熟先賢有關。

〔註51〕　《風洞山傳奇》，長洲呆道人（吳梅）著，丙午年四月初版。

〔註52〕　汪榮寶（1878～1933），字袞甫，號太玄，江蘇元和（今屬蘇州）人。1897年丁酉科拔貢，1900年，入南洋公學，1903年留學日本，入早稻田大學。1906年任京師譯學館教習，入民國後，曾任駐比利時、瑞士、日本公使等職。著有《清史講義》、《思玄堂詩集》等書。

患也。《雁來紅》六期起,如已續出,望仍購寄。」

七月二十四日（9 月 12 日）,晴。

讀《海天嘯傳奇》〔註53〕一卷。

七月二十八日（9 月 16 日）,晴。

讀《身毒叛亂記》〔註54〕二卷卷上、中。

八月初四日（9 月 21 日）,乍陰乍晴。

讀《秘密海島》〔註55〕一卷卷下,《馬丁休脫偵探案》〔註56〕二卷一、二、三案,八、九、十、十一案,《深淺印》〔註57〕一卷。

九月初一日（10 月 18 日）,晴,風大而無浪。

訪曾孟樸於小說林印刷所,朱遠生、徐念慈皆在。孟樸邀至一品香夜膳,復至小說林小坐,十下鐘始歸寢。

九月二十八日（11 月 14 日）,晴。

晤芝孫後至小說林印刷所,與孟樸暢談,雙南亦來。夜與雙南、徐念慈小飲。……予未攜鋪蓋,即借住小說林。萍蹤無定,予之謂矣。孟樸因小說林結帳事,談簿計學甚詳,以詞章專家而役役於簿書,可謂勇於改轍矣。小說林頗獲利,去年每千贏四百多,今年每千贏三百多云。

十月十七日（12 月 2 日）,天陰多風。

至海虞圖書館,與芝孫、孟樸長談。

〔註53〕 《海天嘯傳奇》,江陰劉鈺步洲甫著,乙巳十二月初版。

〔註54〕 《身毒叛亂記》,英國麥度克原著,吳門礐溪子（楊紫驎）、天笑生同譯。上卷丙午年四月初版,中卷丙午年閏四月初版。

〔註55〕 《秘密海島》,法國焦士威奴著,元和奚若譯述,武進蔣維喬潤詞。上卷乙巳四月初版,中卷乙巳五月初版,下卷乙巳十一月初版。據樽本照雄《清末民初小說目錄》（第 5 版）M1060 條,該書的原作是 Jules Verne, *L'lle Mysterieuse, 1874*。

〔註56〕 《馬丁休脫偵探案》,英國瑪利孫原著,元和奚若譯。第一冊（一、二、三案）乙巳十二月初版,第二冊（四、五、六、七案）丙午年二月初版,第三冊（八、九、十、十一案）丙午年三月初版。徐兆瑋看到的是第一、三冊。據樽本照雄《清末民初小說目錄》（第 5 版）M0032 條,底本是英國 Arthur Morrison 著 *Martin Hewitt* 系列小說。

〔註57〕 《福爾摩斯偵探案深淺印》,華生筆記,駕水不因人譯述,丙午五月初版。此書筆者未見,據《小說林書目》（《小說林》第九期,1908 年 2～3 月）。據樽本照雄《清末民初小說目錄》（第 5 版）S0844 條,該書為贗作,非 Arthur Conan doyle 作品。

十二月十二日（1907 年 1 月 25 日），陰。

　　與翥叔函云：「……丁初我新輯《理學雜誌》〔註58〕，侄意俟到東後稍加研究，或任翻譯，爲人爲己均有益也。」

十二月二十七日（1907 年 2 月 9 日），微雨。

　　張雙南已下鄉，留函云：「黃崖案足下所聞近事，望詳爲開示〔註59〕。尊處有小種孤本，並祈撿出數種，新正到申，擬即彙刊。」

丁未日記　光緒三十三年（1907）

二月初四日（3 月 17 日），晴，微風。

　　夜十二點鐘抵長崎，泊口外。

四月十日，陽曆五月二十一號，晴。

　　寄王采南一書，託其寄宏文館《法律大辭典》樣本一閱。

四月廿四日，陽曆六月四號，陰。

　　得王采南十七日書，言《法律辭典》已代定五分，並寄樣本來。即上野貞正之所著，依原文譯出者，辭多而寡要，非善本也。

四月廿五日，陽曆六月五號，陰，下午雨。

　　張雙南昨寄來《小說林》上月二冊，中有《孽海花》四回，兩日閱畢。

四月廿八日，陽曆六月八號，晴，熱。

　　得張映南十九日函言：「今年《太陽》報乞速定一分寄下，早稻田《維多利亞傳》又名《英國之女皇》，其下冊如有，亦望購寄。如有新出小說如《新舞臺》、《秘密電光艇》等多文言而少俗語者，亦望購寄。」

六月十八日，陽曆七月二十七日，晴熱。

　　（閱）《小說林》第三冊。

六月二十四日，晴熱，陽曆八月二日。

〔註58〕《理學雜誌》，創刊於丙午十一月十五日（1906 年 12 月 30 日），共出六期，於丁未八月（1907 年 9～10 月）停刊。該雜誌由小說林宏文館有限合資會社發行，發行人是丁祖蔭，編輯者是薛鳳昌。

〔註59〕《雁來紅》雜誌第九、十期刊登了《黃崖教匪獄》的文章，在《大獄記》的總題目之下。

孫希孟二十日函云：「……《雁來紅》十期後即止印。」

七月初四日，陽曆八月十二日，晴。

閱《小說林》第四冊。

七月十四日，陽曆八月二十二日，晴。

孫希孟函寄《雁來紅》九、十期，索汪詩。

七月十六日，陽曆八月二十四日，陰雨，天頓涼。

閱《冷眼觀》〔註60〕二卷，《黃金世界》〔註61〕一冊。

七月二十日，陽曆八月二十八日，晴。

至市前購小說數種。

七月二十一日，陽曆八月二十九日，陰雨。

讀《飛行記》〔註62〕一冊，《棄兒奇冤》〔註63〕一冊。

八月初九日，晴，陽曆九月十六日。

張雙南初四日寄丁芝孫書，言小說林印刷甚發達，《佚叢》第二種尚未開印，稿則早齊矣〔註64〕。

八月廿三日，晴，九月三十號。

讀《小說林》第五期一冊。

九月二十二日，東曆十月二十八日，晴。

〔註60〕《冷眼觀》，八寶王郎（即王靜莊）著，第一冊丁未六月初版，第二冊丁未八月初版，第三冊戊申三月初版。

〔註61〕《黃金世界》，碧荷館主人著，丁未六月初版。此書筆者未見，據《小說林書目》，與《丁未年小說界發行書目調查表》（《小說林》第九期，1908 年 2～3 月）。

〔註62〕《非洲內地飛行記》，英蕭爾斯勃內原著，常州謝炘譯。丁未五月初版。據樽本照雄《清末民初小說目錄》（第 5 版）F0332 條，底本是 Jules Verne, *Cinq Semaines En Ballon*.

〔註63〕《棄兒奇冤》，美國老斯路斯著，滄海漁郎、延陵伯子同譯。丁未五月初版。

〔註64〕丁未八月十五日（1907 年 9 月 22 日）《時報》廣告《小說林第五期出版》「……寄售《佚叢》，已出《牧齋集外詩》二種，《柳如是詩》二種，精裝一冊，價洋二角。總發行所：棋盤街小說林宏文館。」據《中國叢書綜錄》，《佚叢甲集》，清光緒三十三年（1907 年）張南袛（張繼良）排印本，子目：牧齋集外詩一卷補一卷，〔清〕錢謙益撰；柳如是詩一卷，〔清〕柳是撰；龍川先生詩鈔一卷，〔清〕李清峯撰；素蘭集二卷補遺一卷，〔明〕翁孺安撰。這些都是常熟文獻。應該是張繼良編《雁來紅叢報》的一個副產品。

在春日丸閱《懸崖馬》〔註65〕二冊,《黃鉛筆》〔註66〕二冊。

九月三十日,東曆十一月五日,雨稍止。

與王夢良一書,言前日還款七十五元,寄存小說林發行所事。

十月初三日,晴,東曆十一月八日。

與孫師鄭〔註67〕書云:「不通音問久矣。弟自六月初歸國,外懼於炎威,內耽於小說,杜門謝客者二月有餘。」

十月二十一日,東曆十一月二十六日,晴。

爲海平作徐念慈一書,詢商務印書館是否收稿,欲開譯《法律大辭典》也。

十月二十四日,東曆十一月二十九日,陰雨。

與丁芝孫書云:「……前日購得新出版小說二種,《地下戰爭》一冊,《電力艦隊》一冊,郵呈清覽,希即驗收。」

丁未十一月初八日,晴,午後陰,東曆十二月十二日,旋霽。

王夢良十月廿九日函云:小說林前月開週年會,統核虧耗四五千,頗有來日大難之勢。

十一月二十一日,晴。東曆十二月廿五日,較昨日稍暖。

與徐念慈書,詢前《法律大辭典》一書欲售譯稿,有無復音。又海平、一帆〔註68〕所譯《手工教科書》〔註69〕擬寄商務印書館代售,亦託念慈紹介,書交荊才攜交。

〔註65〕《懸崖馬》上下卷,英麥去麥脫著,吳郡盧達譯,丁未八月初版。該書筆者只見到上冊,無版權頁,出版日期據《小說林書目》與《丁未年小說界發行書目調查表》。

〔註66〕《黃鉛筆》上下卷,英斐立潑斯著,無錫章仲謐、章季偉同譯。光緒三十三年(1907)八月初版。據樽本照雄《清末民初小說目錄》(第5版)H2338條,底本是 Edward Phillips Oppenheim, *The Yellow Crayon*。

〔註67〕孫雄(1866~1935),民國藏書家、文學家。江蘇昭文(今常熟)人,原名同康,字師鄭,號鄭齋。後改名孫雄,晚號鑄翁、味辛老人、詩史閣主人,光緒二十年(1894)進士,官吏部主事,京師大學堂文科監督等職,撰《師鄭堂集》、《眉韻樓詩話》、《舊京文存》等,輯有《道咸同光四朝詩史》。

〔註68〕馮國鑫(1883~1920),江蘇常熟人,字一帆,號靈南。同盟會會員,南社成員。1901年庠生。1909年日本政法大學畢業,回國後授法科舉人,考取內閣中書,入大理院學習推事,後任武進縣檢察廳長、江蘇省高等分廳監督檢查官等職。

〔註69〕《手工教科書》,唐人傑,馮國鑫譯,日本東京:燦文社,1906年版。

十二月初十日，晴，東曆一月十三日。

與徐念慈郵片，詢前函久未得覆事。

十二月二十日，陰，東曆一月二十三日

徐念慈十二日函言，「《手工教科書》，商務刻已復譯，將近出版；寄售一節，殊難辦到。《法律辭典》因海上法律書銷場大壞，亦無成議；而他處又以資本絕巨，不肯冒險。」

戊申日記　光緒三十四年（1908 年）

戊申正月朔日，東曆二月二日，晴，午後陰。

翥叔十九日函云：「孟樸欲正《黃車掌錄》，望檢出。」

戊申正月四日，東曆二月五日，晨雨雪，天驟冷，午後霽。

與翥叔函云：「……孟公欲《黃車掌錄》，但此稿須回家後編纂，現複雜，別人不易整理，乞轉告之。」

四月初八日（5 月 7 日）。

下午晤王夢良於小說林編輯所，曾孟樸亦在。又攜夢良至圖書公司編輯所，晤徐念慈、劉琴孫，即以胡君囑託詢沈信卿〔註 70〕圖書公司是否收譯稿事託之。

五月十一日，（6 月 9 日），陰，微雨。

下午，至海虞圖書館，問芝孫尚未出。予攜翥叔至一壺春啜茗，芝孫亦來。偕回至圖書館，予購小說數種。

五月十三日（6 月 11 日），陰。

晨，至海虞圖書館購小說數種。

五月二十一日（6 月 19 日），乍陰乍晴。

閱小說林所刊《劍膽琴心錄》〔註 71〕一冊。

〔註70〕沈恩孚（1864～1949），中國近、現代教育家，同濟大學第四任校長。字信卿，江蘇吳縣人。1891 年肄業於上海龍門書院。1904 年去日本考察教育。1905年，龍門初級師範學校成立，為首任監督。1906年，任中國圖書公司總編輯。後在上海發起成立江蘇學務總會，並任會長。1917年，與黃炎培共同發起中華教育職業社。1924年創立甲子社，後擴充為上海鴻英圖書館。1941年，日軍侵佔上海租界時，拒任偽職。

〔註71〕《劍膽琴心錄》，礎端原著，斯人譯。光緒三十四年（1908）三月初版。

五月二十八日（6 月 26 日），陰，微雨。

閱小說林所刊小說《遺囑》〔註72〕一冊。

五月三十日（6 月 28 日），陰雨。

閱小說林所刊小說《紅閨鏡》〔註73〕一冊。

六月十三日（7 月 11 日），晨起天陰晦，未幾雷電以雨，午刻始止。

與鄒仲寬〔註74〕（上海棋盤街小說林發行所）書，託寄《國粹學報》、《月月小說》數種。

六月十七日（7 月 15 日），晴。柱礎較爽，未知雨勢能截止否。

與張映南書云：「……孟樸已爲陶齋〔註75〕入幕之賓，不似前此之抑塞矣。」

六月二十日（7 月 18 日），陰晦，稍露陽光，天氣亦轉熱。

聞徐念慈下世，不禁唶息，吾鄉人才又弱一個矣。

六月二十五日（7 月 23 日），晴杲，炎暑益甚。

與丁芝孫書云：「……念慈遽逝，吾黨又弱一個矣。刻得唐君海平來函，附寄怪奇小說兩種，欲紹介於小說林，未知滬上現由何人主任，伏祈足下代爲通郵。如可選登，譯費不計。惟希早日示覆，以免懸盼耳。」

六月二十一日（7 月 19 日），陰晦竟日。

唐海平十六日函云：「茲附呈怪奇小說二篇，懇爲刪削潤飾，介紹於小說林，譯費不計。……海平所譯之小說：一《活地獄》，二《狸奴怪》，皆美人阿蘭博著。」

〔註72〕《遺囑》，英國葦登原著，光緒三十四年（1908）正月初版。

〔註73〕《紅閨鏡》，美國史德蘭原著，吳門華分譯。光緒三十四年（1908 年）正月初版。原書封面標明其底本爲 Tenton R. Stanley, *In Folly's Fetters or the Berils of A Secret Maggiage*。

〔註74〕1906 年 7 月 6 日，上海書業商會主辦的《圖書月報》出版。陸費逵主編。共出三期。第二期載有當年入會會員 22 家，其中小說林社的代表就是鄒仲寬。參見 http://www.shtong.gov.cn/node2/node2245/node4521/node29047/userobject1ai54449.html。

〔註75〕端方（1861～1911），清末大臣，金石學家。托忒克氏，字午橋，號陶齋，滿洲正白旗人。光緒八年（1882 年）中舉人，歷督湖廣、兩江、閩浙，宣統元年調直隸總督，後被彈劾罷官。宣統三年起爲川漢、粵漢鐵路督辦，入川鎮壓保路運動，爲起義新軍所殺。諡忠敏。著有《陶齋吉金錄》、《端忠敏公奏稿》等。

六月二十八日（7 月 26 日），乍晴乍陰，微雨即止，天熱甚。

丁芝孫函云：「手簡誦悉，念公遽卒，孟公北行，社中收稿無人主持。如可待至一月外者，則暫存敝處，否則即行寄還。」

七月初九日（8 月 5 日），晴。

至虛廓村，赴徐念慈追悼會，到者頗眾，輓聯亦多，苦無佳者。天熱甚，勉強成禮。

七月初十日（8 月 6 日），晴。

晨，寫致唐海平一書，言小說稿留芝孫處。

十月二十日（11 月 13 日），晴。

與丁芝孫書云：「前寄短篇小說二種，小說林想不收稿，望便中交翰叔〔註76〕或翥叔轉寄唐海平，庶無遺失。」

十一月十三日（12 月 6 日），晴。

至一書攤，購得林樂知、沈毓隱同譯《奇言廣記》三卷，即近時所行之《孟恪孫奇遇記》也，當時已有譯本，可見博覽之難。

書與海平，所譯小說售與商務，易五十翼。現擬再譯《肉彈》日俄戰爭小說，明年自印。

虹隱樓日記　宣統元年（1909 年）

閏二月二十七日（4 月 17 日），陰。

（林紓）於近日小說家推老殘、孟樸二君。老殘人謂是劉鐵雲，不知確否？其實以《老殘遊記》與《孽海花》比較，《孽海花》尤勝也。唐蔚芝亦推重《孽海花》，而以戛然中止為憾事。

六月初三日（7 月 19 日），陰，乍霽，甚熱。

昨，林琴南寄小說一冊與孫師鄭，託其轉贈曾孟樸，係英國名家倭利物古爾斯密著，名《圄圄春光》。商務印書館以已經復譯，欲以賤值轉售，而琴南不欲，故以贈孟樸。燈下讀一過，筆墨簡潔，故自勝人。

〔註76〕徐鳳書（1871～1952），字翰青，晚年自號虞靈老人，常熟何市人。1896 年生員。1902 年，與張鴻等人接辦宗仰上人經營的《商務日報》，並在商務日報館址成立東亞譯書會，出版有《政學報》（主編張鴻）。民國成立後，致力於常熟的教育和公益事業。著有《鋒鏑餘生記》，《七十自述詩》，與唐人傑合譯《破天荒》、《模範町村》兩種小說。

附錄五　徐兆瑋日記中的《雁來紅叢報》史料

按語：從徐兆瑋日記中可以看出，《雁來紅叢報》早在 1902 年就有意籌辦，1906 年 4～5 月，出版第一期。共出十期，至 1907 年 8 月前後停刊。編輯主要有常熟人黃人、孫景賢（字希孟）和張雙南。當時，孫景賢是東吳大學學生，而黃人和張雙南是東吳大學教師。徐兆瑋爲《雁來紅叢報》提供了大量明季野史。此外，曾樸不願意出版《雁來紅叢刊》，可能是因爲裏面有大量的明季史料和著作彙編，隱隱有與清廷對抗的意味。

需要說明的是，《雁來紅叢報》與東吳大學校刊不同，《雁來紅》的主編是東吳大學格致幫教奚若，1903 年出版，只出版了一期。

劍心簃壬寅日記　光緒二十八年（1902）

十一月十九日乙亥（12 月 18 日），陰雨。

覆（孫希孟）書云：前日翥叔述及有集股印小說報之舉。鄙意章回、彈詞，較傳奇更難，新小說萬難學步，不如取其舊者。明季野史多可喜愕，誠能彙集數十種，雜以新譯東西小說及近人所著小種可愛玩者，月出一冊，亦足一新眼界。從前申報館印《記載彙編》，亦是此法。惜僅兩冊而止。今另開略例一紙，乞與海平諸君酌之。

一、命名。當如《記載彙編》之例。

一、徵書。章回小說爲一類，彈詞爲一類，此二類最難，須取有益政治者。譯東西小說爲一類，傳奇爲一類，明季野史爲一類，鄙處此類最多，如《海虞妖亂志》及《過墟志感》校本，皆上駟。本朝野史爲一類，近時日記

附此類。筆記爲一類，或雜記掌故，或兼述時事，或考據西學，或講求古玩，皆入此類。詩詞爲一類，當如《南宋雜事詩》、《本事詞》之屬編成一種者。遊戲文章如燈謎、酒令之屬，亦以輯成卷軼爲貴。

一、計費。每冊若干頁，印訂若何計費，每冊幾何，每期幾冊，立一預計表。

一、集股。計費定後，約半年，需若干，再合股，每股每月若干。約半年後收報費，可以周轉，便可立定腳跟矣。

十一月二十日丙子（12月19日），晴。

與唐海平書云：希孟尚在寓否？一緘乞附致，內有小說報章程一紙，乞細閱之，餘俟續布。

燕臺日記　光緒三十二年（1906）

二月三十日（3月24日），晴。

孫希孟二十日函云：……摩師合股辦說部叢報，頗欲得大著，藉光簡軼。特囑走筆致意，未審得允許否？

三月初四日（3月28日），陰。

與孫希孟書云：摩西叢報條例若何？能集成公司否？弟此書尚未寫定，摩西事若成，盡可付彼，候來示定奪。

三月十一日（4月4日），晴。

雙南已受東吳大學堂聘爲國文正教習，每年四百金，一月可告假一禮拜，係摩西介紹，於昨日赴蘇開校矣。

閏四月初七日（5月28日），晴。

張雙南廿九日函云：《雁來紅》第一期今日另封郵寄，望並查收。

閏四月十一日（6月2日），乍陰乍晴。

與張雙南書云：……摩西以叢書爲叢報，甚善。惟校對未精，且書之與報銷售大有差等：此種若印成單本，亦可暢銷；一名爲報，讀者有未完之憾，而經售者存拖欠之心。何不仿叢書體例，以十種爲一集，可分可合，既便流通孤本，且能周轉母金。此中利害，不可不明辨析也。

閏四月十三日（6月4日），晴。

孫希孟初一日函云：聞得《雁來紅》已由雙南緘奉矣。明史一獄，首期

即從《南潯志》錄登，景賢尙嫌其拾攦官書，別無新得。而小說林因此恐違礙獲咎，不肯代爲發行。孟樸達人，亦復爾爾，可異也。

五月二十六日（7月17日），陰，時雨時止，天氣亦驟涼。

與孫希孟書云：《雁來紅》第一期已閱，第二期以下足下能覓寄否？該款回裏面繳。

六月二十三日（8月12日），竟日雨。

孫希孟十一日函云：……《雁來紅》四冊寄奉，忠宣一疏即盼鈔惠。比日搜考，得東澗事跡，已錄成一大冊，明季服飾、器玩亦得數十條，皆《繡林記》中資料也。

七月初六日（8月25日），陰雨，頓涼如深秋時，午後霽。

閱《雁來紅叢報》五冊一期至五期。

七月初十日（8月29日），晨聞雨聲淅瀝，天氣涼甚，午稍霽。

與孫希孟書云：兩書均收到，集句亦照改，惟汪衮甫以其詩有忌諱，不肯付梓。予勸用別號，而衮甫又不願，此與孟樸不肯印《雁來紅》同一通人之蔽也。倘衮甫決行此意，虹當攜至滬上印行，雲瓿亦同虹意也。付梓之議，衮所創也。彼甚珍惜其詩，急欲表襮，而又恐盛名之下，或有鬼蜮，以是集矢於彼者，事固難料。若吾輩泯泯無聞，則彈射所不及，大可言論自由，可見「名」之一字有時而爲患也。《雁來紅》六期起，如已續出，望仍購寄。

十二月二十七日（1907年2月9日），微雨。

張雙南已下鄉，留函云：黃崖案足下所聞近事，望詳爲開示。尊處有小種孤本，並祈撿出數種。新正到申，擬即彙刊。

丁未日記

六月二十四日，晴熱，陽曆八月二日。

孫希孟二十日函云：……拙稿姑緩寄。《雁來紅》十期後即止印。

七月十四日，陽曆八月二十二日，晴。

孫希孟函寄《雁來紅》九十期，索汪詩。

附錄六　丁祖蔭日記中的小說林社資料

光緒三十二年丙午（1906 年）

二月初五日　陽曆二月廿七日

記事：海虞圖書館提議實行添舉公所評議，並開辦初級師範事。

通信來往：同里金松岑。

二月十二日，陽曆三月六日。

寓小說林發行所。

二月十四日　陽曆三月八日

通信往：金松岑。

四月初十日　陽曆五月三日

通信來：朱遠生。

四月二十日　陽曆五月十三日

赴學務公所，赴音樂會。

通信來往：胡君黼。

閏四月初二日　陽曆五月廿四日

赴音樂會。

閏四月初八日　陽曆五月三十日

通信往：陳志群。

通信來：金松岑、杜清持。

閏四月初十日　陽曆六月一日
　　通信往：杜清持、金松岑。

閏四月十六日　陽曆六月七日
　　赴音樂會。

五月十七日，陽曆七月八日。
　　赴公校，是日放暑假。赴女校、赴師範傳習所，俱放假。

五月廿二日　陰曆七月十三日
　　通信往：錢劍秋
　　通信來：任墨緣

六月初五日　陽曆七月廿五日
　　通信往：張隱南（稿件）

六月初七日　陽曆七月廿七日
　　通信來往：鍾憲鬯

八月初八日　陽曆九月廿五日
　　通信來：曾孟樸、杜清持
　　通信往：曾孟樸

十月十一日　陽曆十一月廿六日
　　通信來：薛公俠（稿）

十月十二日　陽曆十一月廿七日
　　通信往：薛公俠（說）

十月十七日　陽曆十二月二日
　　通信來：薛公俠、朱遠生

十月廿八日　陽曆十二月十三日
　　通信來：鍾憲鬯、朱遠生

十一月初二日　陽曆十二月十七日
　　通信往：張映南（呈稿）、張雙南、蔣韶九（呈稿）、曾孟樸。
　　通信來：薛公俠、張雙南

十一月初八日　陽曆十二月廿三日
　　教育會開例會，並歡迎沈職公。

與徐鏡寰、劉芹生合宴沈職公。

十一月十九日　陽曆一月三日

　　通信往：趙穆士、鍾憲鬯、薛公俠、楊育材（稿）、陳志群（稿）、徐念
慈。

十二月廿六日　陽曆二月八日

　　通信往：薛公俠、張隱南、陳志群、周作人。

丙午年會計簿

正月初六（1906 年 1 月 30 日）

　　海虞利息 416 元

四月十二（1906 年 5 月 4 日）

　　印《玉蟲緣》、《俠女奴》70 元

　　移海虞一百元

十二月廿四（1907 年 1 月 8 日）海虞書 150 元　自莊

丙午年自治日記補遺

　　《玉蟲緣》、《俠女奴》售見款：二百十七元、廿五元。

　　洪伯賢借：六十元

　　乙巳海虞書：一百四十元

　　譚競公借：十元

　　風琴（手拉）：十八元

　　實存：十四元。

光緒三十三年丁未（1907 年）

正月初七日　陽曆二月十九號　禮拜二

　　通信來往：薛公俠

正月初八日　陽曆二月二十號　禮拜三

　　會議競化女校事於公祠。

正月初九日　陽曆二月二十一號　禮拜四

　　通信來：陳志群

正月初十日　陽曆二月二十二號　禮拜五

通信來：薛公俠、薛公俠。

通信往：薛公俠、薛公俠、陳志群。

正月十二日　陽曆二月二十四號　禮拜日

通信來：金松岑

正月十三日　陽曆二月二十五號　禮拜一

訪曾孟樸

正月十五日　陽曆二月二十七號　禮拜三

通信往：徐念慈、金松岑

正月十九日　陽曆三月三號　禮拜日

通信來：曾孟樸

通信往：薛公俠

正月二十四日　陽曆三月八號　禮拜五

通信往來：薛公俠

正月二十五日　陽曆三月九號　禮拜六

通信來：徐念慈

通信往：錢仲希、許定一

正月二十六日　陽曆三月十號　禮拜日

通信來：張雙南

通信往：徐念慈

正月二十七日　陽曆三月十一號　禮拜一

通信來：薛公俠

通信往：曾孟樸、張雙南、朱味英

二月初三日　陽曆三月十六號　禮拜六

通信來：徐念慈

通信往：薛公俠

二月初四日　陽曆三月十七號　禮拜日

通信來：錢仲希

通信往：徐念慈、張映南

二月初五日　陽曆三月十八號　禮拜一

通信來：曾孟樸

通信往：蔣韶九

二月初六日　陽曆三月十九號　禮拜二

通信來：張雙南、徐念慈

通信往：曾孟樸

二月初八日　陽曆三月二十一號　禮拜四

通信來：薛公俠

二月初九日　陽曆三月二十二號　禮拜五

通信往：徐念慈（理學稿）、陳志群、薛公俠（十八元）。

二月初十日　陽曆三月二十三號　禮拜六

通信來：張艮甫、言立夫。

通信往：陳志群、徐念慈。

二月十一日　陽曆三月二十四號　禮拜日

通信來：徐念慈、張艮甫、陳志群。

二月十二日　陽曆三月二十五號　禮拜一

通信來：蔣子範、鄧荇孫、陳志群。

通信往：言笠甫（附香梅、荊才、同甫）、鄧荇孫、蔣子範、陳志群、徐念慈（譯稿）、薛公俠（約）。

二月十三日　陽曆三月二十六號　禮拜二

通信來：徐念慈。

二月十四日　陽曆三月二十七號　禮拜三

通信來：薛公俠。

通信往：鄒仲寬、徐念慈。

二月十五日　陽曆三月二十八號　禮拜四

通信來：徐念慈。

二月十八日　陽曆三月三十一號　禮拜日

通信來：徐念慈、薛公俠。

通信往：徐念慈、趙穆士、

二月十九日　陽曆四月一號　禮拜一

通信來：蔣韶九。

通信往：陳志群、徐念慈、薛公俠。

二月二十三日　陽曆四月五號　禮拜五
　通信來：張雙南、陳志群。

二月二十四日　陽曆四月六號　禮拜六
　通信來：蔣韶九。
　通信往：薛公俠、蔣韶九。

二月二十五日　陽曆四月七號　禮拜日
　通信來：薛公俠、徐少逵。
　通信往：薛公俠。

二月二十九日　陽曆四月十一號　禮拜四
　偕鏡實、紀玉餞沈職公。

二月三十日　陽曆四月十二號　禮拜五
　通信來：徐念慈。
　通信往：許定一。

三月初一日　陽曆四月十三號　禮拜六
　赴張少雲餞沈職公席。

三月十二日　陽曆四月二十四號　禮拜三
　通信來：金松岑、蔣韶九。

三月十三日　陽曆四月二十五號　禮拜四
　通信來：薛公俠。
　通信往：薛公俠、陳志群。

三月十四日　陽曆四月二十六號　禮拜五
　通信來：曾孟樸
　通信往：陳志群

三月十五日　陽曆四月二十七號　禮拜六
　通信來：徐翥青、屈荆才等。
　通信往：徐念慈。

三月二十日　陽曆五月二號　禮拜四
　通信往：燕斌女士。
　通信來：燕斌女士、薛公俠。

三月二十一日　陽曆五月三號　禮拜五
　　通信往：徐念慈。

三月二十三日　陽曆五月五號　禮拜日
　　通信往：金松岑。
　　通信來：金松岑、陳志群

三月二十五日　陽曆五月七號　禮拜二
　　通信來：薛公俠。

三月二十八日　陽曆五月十號　禮拜五
　　赴上海一品香，會議小說林事。

三月二十九日　陽曆五月十一號　禮拜六
　　赴徐念慈半醉居約。

四月初一日　陽曆五月十二號　禮拜日
　　赴顧述之半醉居約。偕顧述之、蔡松如、蔣竹莊遊新園。赴蔡松如、蔣
竹莊一品香約。
　　通信來：徐翥青、屈荊才、薛公俠。

四月初八日　陽曆五月十九號　禮拜日
　　通信往：金松岑。
　　通信來：金松岑、包朗生。

四月十一號　陽曆五月二十二號　禮拜三
　　通信往來：曾孟樸。

四月十二日　陽曆五月二十三號　禮拜四
　　通信來：金松岑、薛公俠。

四月十三日　陽曆五月二十四號　禮拜五
　　通信往：金松岑、陳志群。
　　通信來：陳志群。

四月十四日　陽曆五月二十五號　禮拜六
　　通信往：曾孟樸。

四月十六日　陽曆五月二十七號　禮拜一
　　通信往：金松岑、包朗生。

四月十七日　陽曆五月二十八號　禮拜二
　　通信往：曾孟樸。

四月十八日　陽曆五月二十九號　禮拜三
　　通信往：陳志群。
　　通信來：曾孟樸、陳志群。

四月十九號　陽曆五月三十號　禮拜四
　　通信來：張雙南、徐念慈。

四月二十日　陽曆五月三十一號　禮拜五
　　通信往：徐念慈。

四月二十七日　陽曆六月七號　禮拜五
　　通信往：張雙南、陳志群。

五月初二日　陽曆六月十二號　禮拜三
　　通信往：金松岑（10元）、陳志群。
　　通信來：陳志群

五月初三日　陽曆六月十三號　禮拜四
　　通信來：陳志群、徐念慈。

五月初五日　陽曆六月十五號　禮拜六
　　通信來：陳志群。

五月初六日　陽曆六月十六號　禮拜日
　　通信往：薛公俠。

五月初七日　陽曆六月十七號　禮拜一
　　通信往：徐念慈。

五月十一日　陽曆六月二十一號　禮拜五
　　通信往：薛公俠、金松岑。
　　通信來：金松岑、徐念慈。

五月十三日　陽曆六月二十三號　禮拜日
　　通信來：徐念慈。
　　赴金玉書、王紀玉宴屈荊才等席。

五月十五日　陽曆六月二十五日　禮拜二

通信往：曾孟樸。

五月十六日　陽曆六月二十六號　禮拜三
通信來：薛公俠。

五月十八日　陽曆六月二十八號　禮拜五
通信往：薛公俠。
通信來：陳志群。

五月二十二日　陽曆七月二號　禮拜二
通信：錢仲希、張雙南、薛公俠。

五月二十三日　陽曆七月三號　禮拜三
通信來：徐念慈

五月二十四日　陽曆七月四號　禮拜四
通信往：徐念慈　薛公俠

五月二十七日　陽曆七月七號　禮拜日
通信來：張雙南　薛公俠

五月二十九日　陽曆七月九號　禮拜二
通信來：徐念慈。

六月初三日　陽曆七月十二號　禮拜五
通信來：陳志群。

六月初四日　陽曆七月十三號　禮拜六
赴王紀玉、金玉書公宴殷同甫等席。

六月初五日　陽曆七月十四號　禮拜日
通信往：金松岑、張雙南、曾孟樸。

六月初九日　陽曆七月十八號　禮拜四
通信來：金松岑。

六月十三日　陽曆七月二十二號　禮拜一
通信往：薛公俠、金松岑。
通信來：張雙南、薛公俠。

六月十七日　陽曆七月二十六號　禮拜五
通信來：陳志群。

六月十八日　陽曆七月二十七號　　禮拜六
　　通信來：薛公俠。

六月二十日　陽曆七月二十九號　禮拜一
　　通信來：薛公俠

六月二十一日　陽曆七月三十號　禮拜二
　　通信往：薛公俠、陳志群。

六月二十二日　陽曆七月三十一號　禮拜三
　　通信來：陳志群。

六月二十六日　陽曆八月四號　禮拜日
　　通信往：徐念慈。

六月二十九日　陽曆八月七號　禮拜三
　　通信往：徐念慈。
　　通信來：陳志群。

六月三十日　陽曆八月八號　禮拜四
　　通信往：陳志群。

七月初四日　陽曆八月十二號　禮拜一
　　通信往：曾孟樸。

七月初六日　陽曆八月十四日　禮拜三
　　通信往：陳志群。

七月初九日　陽曆八月十七日　禮拜六
　　通信往：曾孟樸。

七月十一日　陽曆八月十九號　禮拜一
　　通信來：蔣韶九、薛公俠。

七月十二日　陽曆八月二十號　禮拜二
　　通信往：薛公俠、劉琴生。
　　通信來：顧述之。

七月十四日　陽曆八月二十二號　禮拜四
　　通信往：蔣韶九、曾孟樸。
　　通信來：蔣韶九、徐念慈、金松岑。

七月十七日　陽曆八月二十五號　禮拜日
　　通信往：徐念慈。

七月二十日　陽曆八月二十八號　禮拜三
　　通信來：徐念慈。

七月二十四日　陽曆九月一號　禮拜日
　　通信往：金松岑。
　　通信來：金松岑、洪伯賢。

七月二十五日　陽曆九月二號　禮拜一
　　通信來：薛公俠。

七月二十七日　陽曆九月四號　禮拜三
　　通信往：曾孟樸。

七月三十日　陽曆九月七號　禮拜六
　　通信往：曾孟樸、顧述之。
　　通信來：顧述之。

八月初五日　陽曆九月十二號　禮拜四
　　通信來：金松岑。

八月初六日　陽曆九月十三號　禮拜五
　　通信來：曾孟樸。

八月初七日　陽曆九月十四號　禮拜六
　　通信來：金松岑。

八月初八日　陽曆九月十五號　禮拜日
　　通信往：徐念慈、顧述之、張雙南、蔡松如。

八月十一日　陽曆九月十八號　禮拜三
　　通信來：徐念慈。

八月十四日　陽曆九月二十一號　禮拜六
　　是日吳江各校開遊藝會於江震學堂，被推爲公証人。秩序頗整肅，程度
亦高尚，以同川學堂爲最優。演習國文、歷史、地理、手工、圖畫、樂歌等
科。國文、歷史最優，圖畫最劣。演習甫半，次日舉行。

八月二十日　陽曆九月二十七號　禮拜五

通信來：薛公俠。

八月二十一日　陽曆九月二十八號　禮拜六
　　通信往：言立夫、荊才、同甫。
　　通信來：洪伯賢、金松岑。

八月二十三日　陽曆九月三十號　禮拜一
　　通信往：薛公俠。

九月初一日　陽曆十月七號　禮拜一
　　通信來：陳志群。

九月初三日　陽曆十月九號　禮拜三
　　通信往：金松岑、嚴練如、蔣竹莊、張惟一、薛公俠、徐念慈。

九月初五日　陽曆十月十一號　禮拜五
　　通信來：薛公俠。

九月初六日　陽曆十月十二號　禮拜六
　　通信往來：陳志群。

九月十七日　陽曆十月二十三號　禮拜三
　　通信來：徐念慈。

九月二十四日　陽曆十月三十號　禮拜三
　　小說林在一品香開股東會。

十月初一日　陽曆十一月六號　禮拜三
　　合宴金松岑、祝心淵、薛公俠等於曾園。

十月初四日　陽曆十一月九號　禮拜六
　　通信往：徐念慈。

十月初六日　陽曆十一月十一號　禮拜一
　　通信來：杜清持。

十月初九日　陽曆十一月十四號　禮拜四
　　通信來：曾孟樸。

十月十二日　陽曆十一月十七號　禮拜日
　　通信來往：薛公俠。

十月十五日　陽曆十一月二十號　禮拜三

通信往：徐念慈、金松岑、顧懷玉。

十月十七日　陽曆十一月二十二號　禮拜五
通信來往：徐念慈。

十月十九日　陽曆十月二十四號　禮拜日
通信來往：徐念慈。

十月二十日　陽曆十月二十五號　禮拜一
通信來：徐念慈。

十月二十二日　陽曆十月二十七號　禮拜三
通信往：徐念慈、殷同夫、金松岑。
通信來：徐念慈、言立夫、胡君黼。

十月二十五日　陽曆十月三十號　禮拜六
通信來：徐念慈。

十一月初二日　陽曆十二月六號　禮拜五
通信往：金松岑。

十一月初三日　陽曆十二月七號　禮拜六
通信往：曾孟樸、薛公俠。

十一月初五日　陽曆十二月九號　禮拜一
通信來：徐念慈。

十一月初六日　陽曆十二月十日　禮拜二
通信來：陳志群。
通信往：徐念慈、陳志群。

十一月初八日　陽曆十二月十二日　禮拜四
通信往：徐念慈。

十一月十四日　陽曆十二月十八日　禮拜三
通信來：徐念慈。

十一月十五日　陽曆十二月十九日　禮拜四
通信往：徐念慈。

十一月十七日　陽曆十二月二十一日　禮拜六
通信來：薛公俠。

十一月十九日　陽曆十二月二十三日　禮拜一
　　通信往：陳志群。

十一月二十日　陽曆十二月二十四日　禮拜二
　　通信往：徐念慈、杜清持。

十一月二十四日　陽曆十二月二十八日　禮拜六
　　通信往：曾孟樸、徐念慈。

十一月二十五日　陽曆十二月二十九日　禮拜日
　　通信往：薛公俠。

十一月二十七日　陽曆十二月三十一日　禮拜二
　　通信往：徐念慈。

十一月二十八日　陽曆一月一日　禮拜三
　　通信來：金松岑。

十一月三十日　陽曆一月三日　禮拜五
　　通信往：徐念慈。

十二月初一日　陽曆一月四日　禮拜六
　　通信來往：曾孟樸。

十二月初三日　陽曆一月六號　禮拜一
　　通信往：金松岑。

十二月初六日　陽曆一月九號　禮拜四
　　通信往：徐念慈。

十二月初八日　陽曆一月十一號　禮拜六
　　通信往：曾孟樸。
　　通信來：鍾憲鬯。

十二月初九日　陽曆一月十二號　禮拜日
　　通信往：徐念慈、薛公俠
　　通信來：薛公俠

十二月初十日　陽曆一月十三號　禮拜一
　　通信往：徐念慈。

十二月十一日　陽曆一月十四號　禮拜二

通信來：徐念慈。

十二月十二日　陽曆一月十五號　禮拜三

通信往：曾孟樸。

通信來：金松岑。

十二月十三日　陽曆一月十六號　禮拜四

通信來：徐念慈。

十二月二十一日　陽曆一月二十四號　禮拜五

通信來：薛公俠。

光緒三十三年常用日記補遺

二月二十　嵇洛如　一百元（七月十五期，小說林存款）

八月初二　還楊辛孟一百元（九月底期，莊存款）

十月初八　張雙南三百元（明年十月期，小說林息款）

十二月初七　錢季石　一百元（明年三月期，莊存款）

十二月廿　曾孟樸　三千元（戊申四月二十期，莊存款）

《玉蟲緣》、《俠女奴》售見款：二百十七元、廿五元

洪伯賢借：六十元（丁未還卅元）

乙巳海虞書：一百四十元

風琴（手拉）：十八元

丁未海虞書：卅元

實存廿四元

1907 年住址錄

錢仲希　南市徽甯碼頭瑞昌木號轉致

朱味英　南門外總馬橋吳源泰茶鋪轉寄

言立甫　日本東京巢鴨村 3518 番望嶽館

顧雪梅　同

趙穆士　南京中鎮街上江考棚照壁後百福巷陽湖趙

沈職公　日本東京牛込區市ヶ谷本村町陸軍士官學校清國學生隊第三區

殷同甫　日本東京小石川區小日向水道端二丁目六十四番東鄉館

屈荊才　同

洪伯言　太倉城內南國中學堂監督工程孟

張雙南　上海西門外京江公所間壁敦潤里圖書有限公司

光緒三十四年戊申（1908 年）

五月二十六日　陽曆六月二十四號　星期三
曾孟樸招飲於山景園談小說林事。

六月十七日　陽曆七月十五號　星期三
聞徐念慈故於海上。

六月二十三日　陽曆七月二十一號　星期二
草徐念慈行述。

七月初四日　陽曆七月三十一號　星期五
審訂女子修身課本。

七月初九日　陽曆八月五號　星期三
爲徐君念慈開追悼會於民校。

1908 年地址簿

宗爵年　子戴　南京八府塘
言啓　　笠夫　河南省師範學堂
章霖　　蔚農　江陰東門內昆巷
俞可師　企韓　廣東華寧里長發公館
張雙南　蘭思　山東濟南城內興隆店街吉泰昌雜貨鋪撫轅東財神巷西口路
南
昆新勸學所　崑山亭林先生祠
王楚書　希玉　江陰輔延學堂
趙穆士　　　南京水西門安昌街牙檀巷陽湖趙寓
季應侯　　　蘇州閶門內桃花塢大街八十八號

宣統元年己酉（1909 年）

閏二月二十日　陽曆四月十號　星期六
通信：時報館。

三月二十九日　陽曆五月十八日　星期二
通信：時報館、申報館。

四月初一日　陽曆五月十九號　星期三

通信：時報館、申報館。

五月十八日　陽曆七月五號 星期一

通信：申報館、時報館。

八月初一日　陽曆九月十四號 星期二

通信：時報館。

1909 年人名錄

宋麟　仲明　　上海北河南路底寶山路寶興西里尚公小學校

教育總會　　　上海西門外小荣場西首林蔭路對面

研究會　　　　南京上元縣後娃娃橋法政講習所內

顧綽　述之　　天津河北大公園學務公所

嵇岑孫　洛如　北京蘇州胡同四眼井

方舉榜　　（下略）

附錄七　小說林社單行本小說目錄

書　　名	冊數	作　者	譯　者	初 版 時 間	再版情況
孽海花一二編	二	愛自由者發起東亞病夫編述		卷一乙巳正月，卷二同年八月，卷三連載於《小說林》雜誌	丁未五月五版
身毒叛亂記（一名印度魂）上中	二	英國麥度克	礡溪子，天笑生	上卷丙午四月中卷丙午閏四月	
俠奴血	一	法國囂俄	吳門天笑生譯述	乙巳十一月	
海天嘯傳奇（一名大和魂）	一	江陰劉鈺		乙巳十二月	
《風洞山傳奇》	一	長洲呆道人（即吳梅）		丙午四月	
法國女英雄彈詞（後絕版）	一	挽瀾詞人		甲辰八月	
秘密使者上下	二	法國迦爾威尼（凡爾納）	吳門天笑生譯述	上卷甲辰六月，下卷同年八月	上卷丁未三月三版下卷乙巳九月再版
秘密海島上中下	三	法國焦士威奴	元和奚若譯述，武進蔣維喬，潤詞	卷一乙巳四月，卷二同年五月，卷三同年十一月	
黑行星	一	美國西蒙紐加武	東海覺我譯述	乙巳七月	
《新舞臺》一二	二	日本押川春浪	昭文東海覺我譯述	一編甲辰六月，二編乙巳五月，三編載《小說林》雜誌2～9期，11～12期	一編乙巳十二月再版

軍役奇談（後絕版）	一	英脫馬斯加泰	陶鼎旦譯述	甲辰七月	
福爾摩斯偵探案大復仇	一	華生筆記	奚若譯，黃人潤辭	甲辰六月	據《小說林》第九期的《小說林書目》，兩書後合併爲《福爾摩斯偵探案第一案》，於丙午七月再版，未見
福爾摩斯偵探案恩仇血＊	一	華生筆記	震澤陳彥譯意，吳江金一潤詞	甲辰七月	
福爾摩斯偵探案深淺印	一	華生筆記	鴛水不因人譯述	丙午五月	
福爾摩斯偵探案黃金骨	一	華生筆記	元和馬汝賢	丙午八月	
福爾摩斯再生第一案	六	華生筆記	上海周桂笙譯	甲辰十二月	據《小說林》第九期的《小說林書目》，後來出了《福爾摩斯再生一至五案》合本，丙午五月五版。
福爾摩斯再生第二三案		華生筆記	元和奚若譯述，武進蔣維喬潤詞	甲辰十二月	
福爾摩斯再生第四五案		華生筆記	元和奚若譯述，武進蔣維喬潤詞	甲辰十二月	
福爾摩斯再生六七八案		華生筆記	元和奚若譯述，武進蔣維喬潤詞	乙巳年	筆者親見《福爾摩斯再生案六至十》合本，丙午年正月再版。據《小說林書目》，丙午十月六版。
福爾摩斯再生九十案		華生筆記	上海周桂笙譯述	乙巳年	
福爾摩斯再生十一二三案		華生筆記	上海周桂笙譯述	丙午十月	
纖手秘密	一		鐵冰	丙午六月	
棄兒奇冤	一	美國老斯路斯	滄海漁郎，延陵伯子	丁未五月	
鏡中人（一名女偵探）上下	二	美烏爾司路斯	德清俞箴墀譯述，無錫嵇長康潤辭	丁未八月	
髑髏杯上中下	三	英國楷陵	奚若	上中卷丙午四月下卷丙午閏四月	
銀行之賊（美國偵探叢話之一）	一		謝愼冰	乙巳三月	丁未九月三版

一封書上下	二	英國麥孟德著	洞庭吳步雲譯述	上卷甲辰十一月，下卷乙巳二月	上卷乙巳五月再版，下卷乙巳七月再版
奇獄一（原名歐美探偵史）	二	美國麥枯滑特爾	丹徒林蓋天譯述	甲辰十一月	丙午閏四月再版
奇獄二（原名歐美探偵史）			吳門華子才譯述	丁未四月	
玉蟲緣	一	美國安介坡	碧羅譯述，初我潤詞	乙巳五月	丙午四月再版
日本劍上下	二	英國屈來珊魯意	沈伯甫譯意，黃摩西潤詞	上卷乙巳五月，下卷丙午二月	丙午五月再版
狸奴角	一	果盤	飯囊		乙巳十一月再版
母夜叉	一	原書未標作者名，據樽本照雄《新編增補清末民初小說目錄》，該書作者爲法國作家 Fortune du Boisgobey	原書未標作者名和譯者名	乙巳四月	丙午正月再版
一捻紅	一		吳門天笑生譯述	丙午正月	
彼得警長上中下	三		洞庭吳步雲譯述	上中卷丙午正月下卷丙午四月	
馬丁休脫偵探案一	三	英國瑪利孫	元和奚若	乙巳十二月	丙午七月再版
馬丁休脫偵探案二				丙午二月	
馬丁休脫偵探案三				丙午三月	
秘密隧道上下	二	英國和米（Hume）	元和奚若	上卷丙午四月下卷丙午閏四月	
巴黎秘密案上下	二		君穀	丙午七月	
少年偵探上中下	三	法愛米加濮魯原著，英智爾博甘培譯	寄生蟲無腸子	上冊丙午七月，中冊丁未六月，下冊丁未七月	
胠篋術	一	英國白髭拜	烏衣使者	丙午七月	
大魔窟（原名塔中之怪）	一	日本押川春浪	吳江弱男譯述	丙午八月	
印雪簃譯叢（探案錄之一）	一	英國維多夫人	女士陳鴻璧	丙午十一月	

聶格卡脫偵探案一	十六	筆者曾親見第一冊，該冊未標出作者名。其餘冊筆者均未見，據樽本兆雄《新編增補清末民初小說目錄》，作者是美國紀克（Nick Carter）	華子才	丙午十二月	丁未七月再版
聶格卡脫偵探案二＊			華子才	丁未三月	
聶格卡脫偵探案三＊			華子才	丁未四月	
聶格卡脫偵探案四＊			華子才	丁未五月	
聶格卡脫偵探案五＊			滄海漁郎延陵伯子	丁未五月	
聶格卡脫偵探案六＊			滄海漁郎延陵伯子	丁未五月	
聶格卡脫偵探案七＊			華子才	丁未六月	
聶格卡脫偵探案八＊			華子才	丁未六月	
聶格卡脫偵探案九＊			華子才	丁未九月	
聶格卡脫偵探案十＊			華子才	丁未十月	
聶格卡脫偵探案十一＊			華子才	丁未十月	
聶格卡脫偵探案十二＊			華子才	丁未十月	
聶格卡脫偵探案十三＊			華子才	丁未十一月	
聶格卡脫偵探案十四＊			華子才	戊申	
聶格卡脫偵探案十五＊			華子才	戊申	
聶格卡脫偵探案十六＊			華子才	戊申	
中國偵探案砒石案＊	一	傲骨		戊申二月	
中國偵探案鴉片案	一	傲骨		戊申二月	
女首領上下	二	英倫媚姿女史	井蛙	上卷丙午五月下卷丙午六月	
遺囑	一	英國華登		光緒三十四年正月	

燈中燈	一	英國特維生	張柏森	光緒三十三年十月	
黑蛇奇談	一	美國威登	張瑛	丁未八月	
竊電案（一名英日同盟電被盜案）	一		曼陀譯述	丁未正月	
離恨天上下	二		薛鳳昌（上冊標「吳江薛俠龍著」下冊標「蟄龍譯述」）	上卷乙巳三月，下卷乙巳五月	丙午五月三版
銀山女王上中	二	日本押川春浪	摩西譯補	上卷乙巳四月，中卷同年六月	
女魔力上中下	三	英國奇孟	洞庭吳步雲譯述	卷上乙巳五月，卷中同年六月，卷下丙午二月	上卷丙午四月再版，中卷丁未五月再版
美人妝	一		昭文東海覺我講演	甲辰十月（《女子世界》甲辰增刊）	丙午二月三版
雙豔記	一	英國佛露次斯	社員編	甲辰十月	丙午二月三版
影之花上中	二	法國嘉祿傅蘭儀	競雄女史譯意，東亞病夫潤詞	上卷乙巳六月，下卷丙午閏四月	
萬里鴛上中下	三	英國婆斯勃	洞庭吳步雲譯述	卷上乙巳六月，卷中乙巳十一月，卷下乙巳十一月	乙巳十一月再版
妒之花	一	英國洛克司克禮佛	小說林社譯述（實際是金松岑）	乙巳六月	丁未十一月再版
愛河潮上中下	三	英國哈葛德	元和奚若譯武進許毅述	乙巳十一月	
雙花記	一	李涵秋		丁未十二月	
情海劫	二		吳江任墨緣譯意，武進李叔成潤詞	丙午三月	
新戀情上中	二	英國赫德	鶴笙	丙午五月	
黃鉛筆上下	二	英國斐立潑斯	無錫章仲謐，章季偉	丁未八月	
情海魔	一	美國柯怖	木子，不才（即許指嚴）同譯	丁未十一月	

車中美人	一		社員譯述	乙巳十一月	
電感	一	英國哈本	臨桂木子	戊申正月	
紅閨鏡	一	美國史德蘭原著	吳門華兮譯	戊申正月	
無名之英雄上中下	三	法國迦爾威尼	吳門天笑生譯述	上卷甲辰八月，中卷乙巳三月，下卷乙巳六月	丁未五月再版
俠英童上下	二		沈海若	丁未十一月	
蘇格蘭獨立記一二三	三		女士陳鴻璧譯，東海覺我校正	卷一丙午七月卷二連載於《小說林》1～6期，後於戊申五月出單行本。卷三連載於《小說林》雜誌7～12期，未完。據《小說時報》第一期的《上海小說林有正書局發行各種小說》卷三出了單行本，卷二卷三筆者均未見。	
劍膽琴心錄	一	硜端	斯人	戊申三月	
小公子上下	二		小說林社員（據徐兆瑋日記，是留日學生唐人傑（字海平）	上卷乙巳七月，下卷乙巳十一月	丁未八月再版
鴻巢記	一	酒瓶	飯囊	丙午二月	
俠女奴	一		萍雲譯述初我潤詞	乙巳三月	
啞旅行上下	二	日本末廣鐵腸	昭文黃人譯述	上卷甲辰六月，下卷丙午五月	上卷丙午閏四月再版，下卷丁未九月再版
冷眼觀一二三	三	八寶王郎（即王靜莊）		第一冊丁未六月，二冊丁未八月，三冊戊申三月。	
黃金世界	一	碧荷館主人		丁未六月	
懸崖馬上下	二	英國麥去麥脫	吳郡盧達譯	丁未八月	

海外天	一	英國馬斯他孟立特	東海覺我	海虞圖書館光緒二十九年五月初版，後版權贈於小說林社，該書的小說林社初版本，筆者未見，據《時報》廣告推測，初版在乙巳年末。據《小說林書目》，丁未十一月再版。	
飛行記（一名非洲內地飛行記）	一	英國蕭爾斯勃內（即凡爾納）	常州謝炘	丁未五月	
海屋籌上下	二	英國哈葛德	逍遙生	丁未二月	
大除夕	一	德國蘇虎克	卓呆	丙午二月	
新法螺先生譚	一	昭文東海覺我戲撰		乙巳六月	
法螺先生譚、法螺先生續譚			吳門天笑生譯述		
新紀元	一	碧荷館主人		戊申二月	
小本小說第一集第一種　孤兒記	一	平雲		丙午六月	
小本小說第一集第二種　紅泥記	一	英國包福	竹書	丙午八月	
小本小說第一集第三種　錢塘獄	一	訥夫		丙午十月	
小本小說第一集第四種　瑤瑟夫人	二	竹西沁香閣涵秋氏著		丙午十月	
小本小說第一集第五種　文明賊	一	大愛		丙午十二月	
小本小說第一集第六種　埋香記	一	伯熙陳榮廣		丙午十二月	
小本小說第一集第七種　霧中案	一	英國哈定達威	笑我生	丁未正月	
小本小說第一集第八種　黃鑽石＊	二	英蘇琴	越鹵	丁未三月	
小本小說第二集第一種　鬼室餘生錄	一		方笛江	丁未五月	
小本小說第二集第二種　賣解妃（一名狄克傳）	一		鋌夸	丁未八月	

小本小說第二集 第三種　小紅兒	一	品花小史		丁未九月	
小本小說第二集 第四種　鳳厄春	一	蔣景緘		丁未八月	
小本小說第二集 第五種　香粉獄	一	印度田溫斯	病狂	丁未九月	
小本小說第二集 第六種　里城案	一	英羅蕊	沈賓顏	丁未九月	
小本小說第二集 第七種　海門奇案	一	英國福格斯興	窮漢	丁未十月	
小本小說第二集 第八種　三疑獄	一		冉涇童子 海虞少年	丁未十一月	
小本小說第三集 第一種　鴛鴦碑	一	李小白		戊申二月	
小本小說第三集 第二種　甕金夢	一	湖州現愚		戊申三月	
小本小說第三集 第三種　金翁葉	一	蔣景緘		戊申三月	
小本小說第三集 第四種　將家子	一		小說林總編 譯所	戊申三月	
小本小說第三集 第五種　黑革囊	一		書上標爲「平 山懶禪著」， 但筆者懷疑 是譯本）	戊申三月	

【注】1、該表中的紀年方式是農曆。甲辰年：1904～1905；乙巳年：1905～1906；
　　　　丙午年：1906～1907；丁未年：1907～1908，戊申年：1908～1909。

　　　2、標 * 的書筆者未見。

　　　3、本表的排列順序按照小說類型，《小說林》雜誌第 9 期登出《小說林書
　　　　目》，本表基本按照該書目排列順序，並有適量增補。需要特別指出的
　　　　是，《小說林書目》未包括小本小說叢書。

後　記

　　終於到了可以寫後記的時候了，百感交集。

　　本書是我的博士論文，於 2009 年 6 月通過答辯，首先我要感謝我的導師夏曉虹教授：本書自題目確定到框架設計，從具體觀點的斟酌到字句標點的修改，都留下了夏老師的心血。夏老師給我改論文的時候，細緻到標點和注解。2009 年五一的時候，夏老師為我改前言到深夜一點半。老師的大恩大德，學生永遠感激，銘記在心。

　　謝謝陳平原老師。

　　謝謝從我的開題到預答辯到匿名評審各個階段的諸位老師，謝謝參加我的論文答辯的諸位老師，我的論文裏面也凝結了諸位老師的辛勞。謝謝山東大學郭延禮老師的關心和幫助。

　　謝謝已經故世的唐弢先生。我所眼見的小說林社小說，有二三十種是收藏在中國現代文學館的唐弢文庫。唐弢先生一生清寒，錢都花到了買書上面。前人栽樹，後人乘涼。謝謝唐弢先生讓我看到包括《孽海花》初版在內的珍貴書籍。

　　謝謝黃人的後代黃鈞達先生，丁祖蔭的後代丁士昭先生、丁士皓先生、丁士薇女士，謝謝諸位為我提供珍貴的一手資料。

　　謝謝商務印書館的汪家熔先生、陳應年先生為我提供重要資料。謝謝在我去常熟查資料時曾給予協助的曹家俊先生、曹培根先生。

　　謝謝我的同門李彥東師兄、杜新豔、張治、季劍青、張麗華、李靜、王洪莉，和你們的討論讓我受益良多。謝謝陳愛陽師兄幫我下載日文資料。謝謝郭道平做我的答辯秘書。謝謝孫軼敏在論文格式等問題上對我的幫助。

　　謝謝我的朋友孫昉，多次幫我去上海圖書館查閱資料，甚至有一次還冒著大雨，謝謝你一直以來對我的鼓勵。謝謝我的朋友戰夢霞、劉朝華、孫華娟的鼓勵和支持。

　　謝謝馬曉多博士提供曾樸日記手稿照片。

　　感謝花木蘭文化出版社。

　　謝謝我的爸爸、媽媽、弟弟和丈夫的支持。本書定稿之際，我一歲的女兒田田剛剛學會走路，眞棒！

　　謹以此書，獻給小說林社諸位先賢：曾樸、丁祖蔭、黃人、徐念慈。很慚愧，本書還是不足以傳達出你們當年的風采。